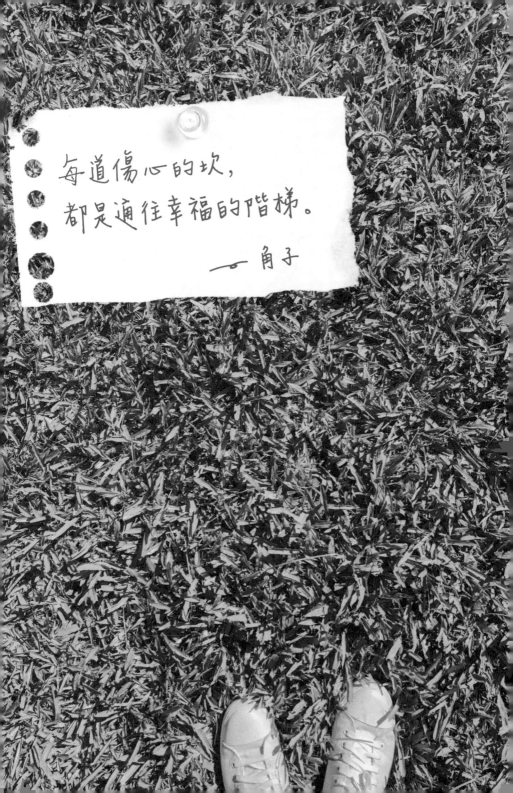

每道傷心的坎，
都是通往幸福的階梯。

　　每個人，都有他的路要走，都有他要發生的故事，都有他在那個故事裡的快樂，還有眼淚。

　　此刻的妳，又正走到哪裡呢？是正身陷在一個故事裡？還是正要從那個故事，努力地退出來？

　　是正在傷心？還是想念？是正在鼓勵自己？還是就只是想靜靜地翻開這本書，看看書裡面的哪一個故事，說的正是此時此刻的自己？

　　每個故事都不一樣，在我每週收到的幾百則讀者寄來的臉書私訊裡，每個故事都不一樣。

　　但每個故事又其實如此相同，都是同樣地傷心，同樣地執著和疑惑，同樣地明明知道自己正在被不珍惜地對待，卻還是要那麼珍惜地留在那份感情裡。

　　妳忘不了他，因為妳忘不了在那份感情裡曾經擁有過的快樂；妳放不下，因為妳在那份愛裡，曾經那麼接近過「幸福」。

直到後來妳也才終於看懂了，每份愛的開始本來就會充滿快樂，可是「愛」到後來要能夠成為「幸福」，是不只要能夠一起快樂，也要能一起承擔和面對。他沒有陪妳，他已經遠去，然後我們才終於漸漸懂了，原來妳當時以為看見的，只是妳「一個人」看見的幸福。

　　那個人可以離開，可是讓我們依然要相信，曾經遠眺過的「幸福」。

　　那是我們從純真開始，到後來看見了愛的複雜；從奮不顧身到後來，漸漸地也會告訴自己要小心……我們也許見識了愛的世故，但我們從來沒有忘記對愛的真誠，每一次妳都騙不了自己，妳是真的很愛那個人；每一次妳都是真心地快樂，最後也流下最真心的眼淚。

　　因為是用了很誠懇的心去感觸，所以我們也才能夠在那些深刻的沉澱之後，又更清楚了自己想要的幸福；又更清楚了，什麼樣的人，不是只是想暫時牽妳的手，而是一旦握住妳了，就會珍惜地再不肯放手。

　　我可以跟妳分享很多愛的道理，就像我寫在這本書裡的，而我的確收到過許多感謝的來信，說這些文字給了他們重新起步的力量；我也可以用科學的方式去分析，就像這本書裡所提及的

二十一個感情的「坎」，是我在這一年收到上萬封的讀者來信裡，最常把大家絆倒的二十一個問題……

但我其實更想說的是，就算妳聽過了再多的道理，感情的路，妳還是得自己勇敢去走，還是得自己親自去看，因為那是妳的人生、妳的權利，妳的幸福妳要自己好好寫。

所以我其實最想做的是「陪伴」。

是陪伴每一個即便傷心，卻依然願意盡力勇敢的人，一起走一段……也許讓我們安靜地什麼都不用說；也許就用這本書裡那些我們心靈相通的話語，在某個突然又脆弱的時刻，成為妳身邊溫暖的慰藉。

每一個「被宣告」結束的故事，其實都沒有真的結束──那就是妳在他離開之後，又一個人成長了好多好多的故事。

妳一定會走過，會看見更多美好的事情，妳一定會看見更好的自己──那就是每一個終於走到幸福的人，在那一刻的突然轉身，然後就看見了、明白了，原來那就是幸福的路徑，所有那些妳終於跨過的，都是走到幸福之前，必然的過程。

那就是這本書接下來想說的；那就是妳現在正深陷的「坎」真正想告訴妳的：

　　每道「傷心」的坎，都是通往「幸福」的階梯。

2018.11.21 台北

目錄

離開

妳不是離開一個人，
妳是正在離開一種人生。

　　我坐在台北小巨蛋的觀眾席裡，三毛「回聲」演唱會正在進行著，當齊豫用空靈的聲音唱出了〈Angel〉的歌詞：「用妳所有的時間等待，等待下一個機會，在天使的臂彎中，從永無止盡的恐懼裡走出來。」沒有預警、毫無防備，我霎時淚如雨下，無法停止……

　　妳最近一次因為一首歌而流淚是什麼時候？妳在那陣突然湧出的酸楚裡，想起誰？還是妳也跟我一樣，突然想起了，當時那個又「悲傷」又「疑惑」的自己？

　　妳還記得，剛離開那份感情的日子，妳不是沒有心理準備，妳知道接下來的路不會太好走，可是妳還是低估了自己的傷心，每當妳終於又擊退一次傷心，新的傷心就又會重新來襲……妳是真的很盡力了！但即便妳都已經那麼努力了，還是會有突然站不起來的時刻，於是，妳眼淚潰堤，妳真的很想知道那個答案：「他

究竟有沒有愛過妳？」如果沒有，那為什麼當時的你們可以那麼快樂?! 如果有，那為什麼不可以再努力一點，就可以繼續走下去?!

在那段看似平靜的生活裡，妳變得更安靜了，沒有人知道妳心底的喧譁，妳其實很忙，比從前更忙。忙著忘記他；忙著拉住自己，再脆弱都不可以再回頭；忙著一次又一次地提醒自己：他說過了，妳沒有聽錯，他真的不愛妳了。

妳知道他對妳不算好，妳不想比較，但妳偶爾還是會看著別的情侶間的互動，而怔怔地想起自己，那是妳最誠實的心酸。妳知道離開他是對的選擇，但感情裡的「對」，也許會讓妳「勇敢」，卻無法豁免傷心，尤其是當妳真的看見他事後的寡情，那是他的「從一而終」，他真的從開始到最後，都沒有想要好好珍惜妳。

那是妳接下來真的很努力的一段時光，與其說是努力找回「一個人的生活」，倒不如說妳是在重新「找回自己」，找回妳曾經對自己的「相信」——相信自己值得被珍愛，相信「尊重」是一個愛妳的人，最基本應該要給妳的感受。

那就是妳那陣子常聽的一首歌，它也許可以靜靜地療癒妳，也許可以讓妳盡情地宣洩傷心，它是妳當時呼吸的氛圍，每一字、每一句，妳都聽得那麼 清楚，那是妳終於對那份愛的細細反芻和

學會……多年後，當妳又突然聽見那首歌，當那場記憶又再度被喚醒，妳發現自己不再只聽見悲傷，而是又多了更深的體會。原來當時是用了一段時間的痛苦，去換取接下來還有那麼長的一輩子，不必再被同樣的悲傷繼續為難。

妳終於明白， 妳不是離開一個人，妳是正在離開一種人生。妳不是只有離開一個不愛妳的人，妳是徹底離開了，那個一輩子都不會幸福的人生。

這場演唱會感人的曲目有很多，每一首歌，都有一些被喚醒記憶的人，在黑暗中默默地掉眼淚。我們總是在同一首歌裡，流著各自的故事的眼淚。

妳也許突然想起那首歌，也許最近還在密集地聽著。妳也許已經走出來，也許還在努力前進中。但我想我們最後的心情都會一樣，那就是多年後當妳回頭，妳會發現，離開一個不懂得珍惜妳的人，是妳這一生最好的決定。

離開這個絕對不可能的地方，
妳才會有真的可能。

———————————

沒有答案的時候，就靜靜地等時間給自己答案。

妳不會再逼迫自己，要自己盡快復元，盡快開始。

妳不想騙自己，因為真的放了很深的感情，
妳已經很努力，雖然很慢，可是很合理。

妳知道自己一定會好的。

妳在等，妳在等愛走開。

等到妳確定那真的已經不是愛，妳就會離開。

妳已經快要確定，確定妳想去的地方，他並不想帶妳去。

然後妳就會出發，離開這個絕對不可能的地方，
妳才會有真的可能。

每個努力的盡頭，
都有一個更好的自己，會等在那裡。

———————————

這個世界可以爭取的事情有很多，
但並不包含「強求」愛。

妳在這條路上，對愛最大的體會，
就是妳再也不要把時間浪費在一個
總是讓妳苦苦等待的人身上。

妳再也不會以一個不曾對妳用心的人的觀點，
來做為自己好或不好的標準。

不想一起走的，妳就自己前進。
妳總會走過那場傷心，把它變成過程中的風景的。

妳會努力繼續往前走，妳會小心，
但就算受傷妳也不再害怕。

因為妳是真的經歷過了、看見了，
每個努力的盡頭，並不是傷心，
而是一個蛻變後又更好的自己，會等在那裡。

CARTE POSTALE

POST CARD

為什麼離不開他？

1.為什麼離開這麼困難？

ⓐ

因為我們不喜歡失敗

要認賠出場，要面對，因為空轉更浪費時間。

因為餘生還很長，妳應該把接下來珍貴的人生，交給對的人。

ⓑ

因為「習慣」了

但這是一個壞習慣。

ⓒ

因為不確定，
還能不能再遇到喜歡的人。

不出發，就永遠遇不到。

妳應該把接下來珍貴的人生，交給對的人。

ⓓ

因為害怕寂寞

其實，在這份感情裡，妳很早就是一個人了。

2.要如何離開他？

離開是一個理性的「決定」，而不是「一時衝動」，
所以一旦決定好了，就要努力去做到。

ⓐ
用像「戒菸、減肥」那樣為了讓自己更好的心態面對

妳不是往悲傷出發，而是正在努力走向更好。
要努力強化內心的正能量，不要對自己演可憐。

ⓑ
找朋友陪伴

跟朋友出去走走；找樂觀型的朋友聊聊天。
抒發自己的情緒，分散一些注意力。

ⓒ
練習「一個人」，每天增長一些時間。

練習獨處，慢慢地加長時間，
開始找回一個人的自在。

ⓓ

不用跟前任當朋友，
不要再去探問任何對方的近況。

避免自己用「友情」的名義偷渡「愛情」，
別讓自己再受第二次傷害。

ⓔ

不要再做無意義的「說服」

愛無法被說服，至多也只是又延期了說再見的時間。

ⓕ

不必要無意義的「公道」

討回任何公道，都不會讓妳幸福，只會讓妳更糾結其中。

ⓖ

決定了，就不要再回頭，不要功虧一簣。

不要因為對方的興之所至，就又讓妳回到原點。

適合

一個適合的人，
才是幸福，最重要的答案。

　　直到現在，妳都還會因為沒有留住那份感情而覺得遺憾。妳總是想，如果當時不要那樣，或者當時能夠再為那份感情多做點什麼，那這份感情，後來會不會就不一樣？

　　妳最羨慕的，並不是那些從來不會爭吵的情侶，而是那些即便吵了一百次，卻還是可以繼續相愛的戀人。不像你們每吵一次，就感覺某些美好又剝落了……那不是妳吵架的目的，妳是為了更靠近彼此，才努力把心底的話說出來的。妳在每一次希望更好的討論裡，經常眼睜睜地看著彼此的情緒又失火了，最後不論是誰傷害了誰，妳相信都不是故意的。妳不懂的是，為什麼你們明明是一對戀人，卻總會在表達立場時「雞同鴨講」？而你們應該要更了解彼此的，可是為什麼每一次的討論，卻反而讓彼此的距離變得更遠？!

　　妳無法改變他，於是妳選擇改變自己。「改變」成為妳留在

那份愛裡唯一的方法，因為妳知道，如果妳不改變，他應該就會離開。

　　妳漸漸「變」得茫然，「變」得不想面對自己，妳發現那就是在感情裡只能選擇「改變」的人，最大的後遺症。在那段時光裡，妳不是用盡全力去努力幸福，妳是用盡全力去「跟他走在一起」；而一個連自己要走去哪裡都不知道的人，又怎麼可能走得到，想要的幸福？!

　　明明比較累的人是妳，可是後來卻是他說累了。明明一直改變的人是妳，可是他說不想再忍受了。而妳也許可以再繼續加把勁的，在那一刻竟然也遲疑了⋯⋯也許是妳也累了，不想再那麼努力地，竟然也只是成為別人的負擔；又或許妳會想，那個妳不再努力跟著的人，會不會也像妳一樣捨不得，然後回過頭追上來？

　　事實是，妳捨不得的人，經常都沒有那麼捨不得妳。而那個妳最想得到答案的人，往往都會欠妳一個答案。我們後來並不是終於「發現」了那個答案，我們是終於「承認」了那個答案。原來，你們是真的不適合。

　　不適合的人，就很難溝通；適合妳的人，就算立場不同，也能聽懂妳過不去的點。不適合的人，每一次的爭吵，都不會有進度，都只是對愛的消磨；適合妳的人，才能夠從上一次的理解出

發，進入更深刻的感情交流。

　　而那些妳所羨慕可以在爭吵後繼續相愛的戀人，並不是因為他們的愛天生堅固，而是他們總是可以在爭吵後，因為聽懂了對方在意的感受，因為珍惜彼此在一起的感覺，於是一起努力，向兩個人想要的「中間線」靠攏。而那條讓兩個人都覺得舒服的「中間線」，就叫作「幸福」。

　　人生的坎很多，兩個人要能夠一起穿越那些坎，並不是單方努力跟隨就可以。適合的人，才懂得妳真正的需要跟依靠，適合的人，才能夠在那些人生的風雨裡，自然地跟妳並肩走在一起。

　　並不是因為妳做錯什麼，所以最後無法留住那份感情。而是妳竟然還是花了那麼多的時間，去證明你們真的不適合。

　　他不會追上來的，就算他追上來，後來也會再離開。而妳也真的沒有為那份愛少做什麼，因為做再多，那份感情最後也不會成為幸福。

　　因為一個適合的人，才是幸福，最重要的答案。

對的人，
就是那個願意盡力讓妳幸福的人。

———————————

妳寧可一個人好好對待自己，也不要退而求其次。
妳寧可做自己人生高貴的主人，
也不要在一份感情裡看盡臉色。

愛不是「選擇題」，而是「是非題」。
不是每次出現的人，都應該是選項。
那個願意盡力讓妳幸福的人，才是唯一對的答案。

世界很大，人生很長，妳會遇見的人很多。
妳一定會越來越懂得取捨的。
妳不著急，一個好伴，
本來就應該要用人生的智慧去尋找。

歲月是加法，而不是減法。
妳懂。
妳要找的，就是那個也懂的人。

因為妳知道幸福就是「懂」跟「欣賞」。
那個懂得欣賞妳的堅持的人，才會一直陪妳走在幸福裡。

用直覺愛上妳的人，
經常也會用直覺離開。

妳不是公主，妳要找的也不是王子。

妳知道用直覺愛上妳的人，經常也會用直覺離開。

妳已經知道，最可貴的並不是那個一開始就說喜歡妳的
人。而是那個已經瞭解妳的缺點，卻依然愛妳的人。

妳現在要的並不是愛的童話，
而是一個跟妳一樣願意為愛承擔的人。

最後能夠成為「幸福」的愛，都不是因為衝動，
而是日復一日的累積。

妳知道，這個世界短暫的王子很多。

只有一個願意承擔的平凡人，
才能不只愛妳的現在，還能跟妳一起努力走去將來。

七個指標，
確定他是不是「對的人」。

①
相處很自在

兩個人可以一直講話，
也可以安靜不講話，都一樣舒服。

②
知道妳的缺點，
卻不認為是大問題。

喜歡妳的優點，遠勝於討厭妳的缺點。

③
會記得妳說過的話

因為在乎，因為希望妳開心，
所以會記得妳說過的話。

④

會害怕失去妳

知道妳的好，會害怕失去妳之後，再也沒有人會這樣對他好了。

⑤

不只愛妳，也會努力接受妳的家人跟朋友。

愛是一種感覺，可是幸福是一種「關係」。
願意跟妳一起經營人生關係的人，
一定是一個很有誠意要走進妳的人生的伴侶。

⑥

對這份愛有「責任感」，每個階段都願意跟妳「一起」。

會一起討論，一起形成共識，然後一起努力。
愛是對妳好就可以，可是幸福是一種「責任」，
要有責任感的人，才能給妳幸福。

⑦

會給妳「安全感」的人

可以理解妳的擔心，然後盡量讓妳不擔心的人。

更多內容
請參考
角子影片

自責

只有那個願意把「心」交給妳的人，
才能牽著妳走去幸福。

他都已經離開，妳卻還留在這裡。妳不是犯錯的人，可是妳卻一直還在責備自己。

「是不是自己哪裡真的做錯了呢？」「如果當時不要堅持那些要求，這份感情是不是就可以繼續走下去？」妳反覆質問自己。

得不到答案的人，總是很容易就把「質問」變成了「責備」。是的，妳不知道從何時開始怪自己了，妳責怪自己的「誠實」，為什麼當時要那麼誠實地說出自己內心的話呢?!

妳把心自問，妳並沒有恃寵而驕，妳是真的忍耐了很久，才說出了後來的那些感受。妳沒有變！妳對那份感情的投入跟努力一直都沒有改變；是他變了！然而，妳寧可認為他是不小心的，寧可認為是自己多心了，所以妳最後才會鼓起勇氣說出來。妳不是沒有擔心過說出來的後果，不是沒有想過感情可能會因此而出

現裂痕，但那道裂痕不是早就存在了嗎?! 妳說出來就是想要趁早修補它，沒想到他卻選擇讓這份愛從這裡開始碎裂。

「貪心」和「多心」是他後來攻擊妳最多的理由。他說妳對愛的要求太多，他做不到。他搖著頭說妳想太多，口氣嚴峻地彷彿妳是一個妄想症患者。妳百口莫辯，對一個不想給妳體貼的人開口要體貼，本來就是如此不堪的事。然而妳真正想說的是，如果對方在一開始就讓妳知道他不是這樣的人，那妳絕對不會強求! 更不會跟他走上後來這一段。妳真正無法接受的，並不是一個人不喜歡妳，而是妳一直都是如此，為什麼他可以從前那麼喜歡，到後來卻討厭成這樣?!

妳不是犯錯的人，妳是用情至深的人，所以才會在一開始就交出自己的心，每一個他曾經對妳的好，妳都用心去體會，那些妳後來又自己詮釋出來的細節，總是可以讓他的好，又被放大很多。

也許，他真的給了妳許多，但是他並沒有給妳，他的「心」。

在那份感情裡「用心」的人，一直都只有妳。所以你們的感情，才會只有開始，而沒有後來；所以你們的感情，才會只能同甘，而無法共苦。

於是妳也應該理解了，一份「無心」的感情，本來就走不長。

一個只想在感情裡享受快樂的人，才會責怪妳「貪心」；一個不懂得為愛用心良苦的人，才會埋怨妳「多心」。

一個沒有把心給妳的人，是不會懂妳的心痛和遺憾的。

於是，妳也不要再責怪自己了，妳沒有做錯什麼！妳此刻正在做的最正確的事，就是離開那個無心的人。妳更沒有失去什麼，一份從來都沒有得到真心的感情，也就無所謂失去。

妳已經知道，這個世界會讓妳快樂的人有許多，此後，妳會從那樣的快樂開始，然後只跟願意跟妳交換心的人繼續。因為妳非常確定，只有那個願意把「心」交給妳的人，才能牽著妳走去幸福。

在走到幸福之前，誰不是一個人？!

妳知道每個人都有自己的故事，
而妳絕對不會是最悲傷的那個。

每個故事都有它的階段，也許妳正走在最辛苦的那段，
但妳知道，每個人都會走出來。

沒有快，沒有慢，那就是每隻蝶蛻變必需的過程。
沒有怨，沒有悔，自己作的決定自己負責。

妳會努力往前走，沒有好，沒有壞，
得到幸福的人，誰沒有一些過程？
若不是那些過程，
我們又怎麼會懂得，什麼才是真正的幸福？!

妳也許真是糊塗一時，
但接下來絕對不會讓那個不能給妳幸福的人，
再有任何機會阻礙妳前往幸福。

在走到幸福之前，誰不是一個人？！
妳相信自己一定會走到，妳一定會越來越好，
微笑的人才會看見幸福，
幸福會給自信堅定的人，一個確定的大擁抱。

因為他要的是快樂，
而妳要的是更久的幸福。

———————————

多年後，妳才明白，
當時以為一場空的感情，
其實還是有一些東西是留下來的。

那就是動用過真的感情，都一定會留下的痕跡。
當時那麼想說的話，現在也不再有說出來的必要了。

妳不再被他給的答案迷惑，
也不再為一份不成熟的感情可惜，
對於那份感情，妳終於走到可以有很客觀的看法了。
妳知道那份感情美好的部分在那裡。
也知道你們分開是遲早的事情。

因為他要的是快樂，而妳要的是更久的幸福。

多年後，妳終於看懂了。

你們是因為「命運」而聚在一起，
而不是想要一起努力去創造更好的命運。
你們是因為「際遇」而走在一起，
而不是不管發生什麼事情，
都會努力繼續走在一起。

懷疑自己

並不是妳不值得幸福，
而是我們浪費太多時間在不幸福。

　　我把網頁連結貼在回給那位讀者的私訊裡，只要她點進去，就會看見我曾經分享在臉書上，那封來自讀者的道謝信——我覺得這樣的實證，一定可以給這位有類似遭遇的讀者一些鼓勵。

　　「這些道理我都懂，但我就是做不到，我就是忘不了他！」才幾秒鐘，她的訊息馬上就又傳進來。

　　曾經傷過心的人，對於這樣的「武斷」，會不會似曾相識？那也是妳曾經走過的非「他」不可嗎？

　　妳遇過一個人，他最特別的，並不是妳愛他，而是他還可以帶走妳的心；他最特別的，並不是讓妳心碎，而是妳明明心都碎了，卻還是要用那一顆碎裂的心，想念他。

　　妳對他的想念很多，場景卻經常只是那幾個，妳的思緒在那

幾個場景裡來回遊走——妳可以看那場感情的角度太多，那不是雋永，而是妳始終的不確定。那一直都是一個「第一人稱」的故事，故事裡都是妳對他的心意的摸索和揣測。這一路，若不是妳把那些片段都細心收藏又重新演繹了，它們又怎麼能成為一個完整的故事？！而妳後來又是在那個故事裡來回了多少次，才終於看穿了男主角的平庸，讓那個故事動人的，一直都是耗盡心力的妳。

妳總會看清楚的：特別的並不是他，特別的人其實是妳，妳在那份愛裡的勇敢，才是最特別的；珍貴的並不是他，妳願意為愛的付出和誠懇，才是那場愛裡最珍貴的。

所以最可惜的，並不是他的離開，也不是妳看錯了人。最可惜的是妳還在為了一個不會來的約定，苦守在這裡。

那很正常，為了一段曾經很投入的感情傷心一陣子，為了一個真的很喜歡的人，任性地對世界發一場瘋……我們在那場傷心裡最後卻不得不承認了：那個我們苦等的人，其實從來都不曾等過我們；那個我們放不下的人，幾乎都不曾後悔那個離開的決定。

於是我們也才紛紛把凝望的目光放回故事真正的主角上，那不是一個真的幸福的故事，故事裡的妳，其實早就在他離開之前，就已經不幸福。於是我們也才懂了，故事的最後並不是只能永遠停格在悲傷，而是妳也應該開始修復自己，那些妳在過程中遺失

的自信和自尊、消耗殆盡的希望和勇氣，沒有人可以借給妳，那些原本就屬於妳的，當然也只能靠自己去找回來。

有時候並不是過不去，而是我們不讓事情過去。並不是妳不值得幸福，而是我們浪費太多時間在不幸福。

妳是真的懂了，也深刻領略了，一個人並不可怕，兩個人卻依然寂寞著，才是真的可怕。在找到幸福之前，誰不是一個人?!

如果妳也還在等著，如果妳也還無法啟程，如果妳也好奇那個真實的例證，順著我貼的那個連結點進去，就會看見那個讀者的感謝信。那是一個帶著兩個小孩的母親，終於鼓起勇氣離開了九年的婚姻的故事。她沒有耽誤自己太久，她勇敢鼓勵自己，她在信裡的最後是這麼說的：「原來角子你說的都是真的！我真的找到了一個如修杰楷般的男人。」

要相信自己值得幸福，妳才會真的走向幸福。從前妳做了很多，要證明自己的愛，從現在起妳要證明給自己，妳真的值得更好的幸福。

最「難」的幸福，
是妳不相信自己可以幸福。

──────────────────

覺得幸福「很難」的人，並不是他們不願意努力，
而是他們太努力在原地打轉。

而那些最後可以走到幸福的人，
並不是他們的幸福比較簡單，
正因為他們認為幸福是不容易的，
所以才更不要浪費時間，一直徘徊在同一種錯誤裡。

幸福的難，經常只是難在一個開始。
願意努力讓自己開始不一樣，
就開始了新的可能。

幸福對每個人都一樣公平，
都在每個人的前方等待著。

不相信自己可以的人，把每一個不一樣想成高牆。
相信自己值得的人，把每一個擋在面前的坎，
踩成通往幸福的階梯。

最「難」的幸福，是妳不相信自己可以幸福。
最「可惜」的幸福，並不是錯過那個不懂得珍惜妳的人，
而是妳從此忘記，幸福跟妳在前方的約定。

讓更好的人，
為妳詮釋愛的真義與美好。

───────────

其實妳懷念的並不是他，而是那些回憶，
那些回憶本來就可以是妳的收藏。

妳還愛著的，是當時的他，
而現在的他，早已經走遠。

把屬於自己的收好，把再與妳無關的放掉。

想清楚了，就應該更善待自己。

我們不用因為失去一份感情，就要跟過去一刀兩斷。
妳不必因為愛錯了人，就要把從前的自己毀掉 。
把愛的過程，放在心底，成為妳人生的財富。
把那個不值得的人丟掉，
讓更好的人，為妳詮釋愛的真義與美好。

四個觀念，
讓妳更容易遇見幸福。

①
要先學會離開不幸福，才有可能幸福。

———————

幸福不是「功虧一簣」，不會「只差一點點」，
幸福只有「是或不是」。
所以不要勉強自己，也不要勉強別人，
要兩個都願意，很心甘情願，才會幸福。

———————

不只要離開不好的人，也要離開「不好的想法」，
因為負面的想法也會帶妳去不好的地方，
做出許多讓妳不幸福的決定。

②
先確定妳想要的幸福，妳才會幸福。

———————

我們花很多時間去尋找幸福，
卻花很少的時間思考，什麼叫作「幸福」？
不知道自己真正需要的幸福，
我們又怎麼判斷什麼是我們該努力爭取，
什麼是我們應該避開的呢？

———————

每個人認為的幸福都不會一樣，
所以不要比較，也不要羨慕別人的幸福。

③
幸福是在「相愛」之後
才會慢慢發生的事情。

———————

相愛跟幸福是不一樣的，
相愛比較容易，是「遇見」；
可是幸福是珍貴的，
是兩個人必須「目標一致」跟
「一起努力」才會達成的。

相愛的人，
後來因為做不到而分開，其實是很常見的事情。
所以每一場傷心的「本質」，
其實並不是「失去幸福」，
而是「他真的無法給妳幸福」。

④

幸福不是別人給予，
而是妳本來就有的。
───────

妳必須自己先能夠幸福，
才能吸引另一個人一起幸福。

妳自己就可以給自己的幸福，
才是別人永遠拿不走的。
幸福是喜歡每個階段的自己，
知道每個階段的自己真正需要的是什麼。

幸福是一種「責任」，
「一個人」或「兩個人」
妳都要讓自己幸福。

更多內容
請參考
角子影片

走出來

從「兩個人」走進去的世界，
「一個人」孤獨地退出來。

　　往前走，突然變得很難。沒有他的前方，舉步維艱。沒有他的陪伴，不管走到那裡，都不算到達。只要是誠實面對自己的時候，想起沒有他的將來，就會偷偷地掉眼淚⋯⋯

　　這就是妳的現在，你們已經分開，妳正在從那個「兩個人」走進去的世界，「一個人」孤獨地退出來。

　　妳等過他，想像過一百種他會突然出現的可能，妳從希望到奢望，從奢望到絕望，最後妳像一個局外人那樣嘲笑自己，妳覺得自己很沒用，從前在那份愛裡妳就是等待者，現在那份愛都消失了，妳竟也還是那個等待的人。妳讀了許多文章，聽了很多讓自己更強大的說法，妳經常覺得自己好像快好了，卻還是會突然又脆弱了；以為自己快走出來了，卻又在某個靜默時分，發現自己竟然又流連在從前的回憶裡。

其實，妳已經做得夠好了。妳已經盡量做到，不再去打擾任何人，因為妳知道那都於事無補。妳唯一持續打擾的人，是自己。妳在醒著、夢著的時空裡，輪番詰問自己，那些不論是妳可以回答的、還是他才能回答的問題，妳都只能自問自答，在這一秒得到的稍微釋懷的答案，在下一秒卻又被傷心推翻……妳不知道自己還會這樣多久？又或者，還能這樣多久？

那不是妳的決定，妳不是想清楚了才啟程，妳是突然被通知這份感情已經結束，就必須馬上離開；那更不是一段漸進的過程，妳不是慢慢地淡出這份愛，妳是突然就被請出了愛的門外。所以錯置時空、百感交集，都是妳此刻的必然與應該。

努力往前走，那是妳對自己的要求。而所謂的「努力」，並不是努力遺忘或釋懷，而是努力先讓自己「作息如常」。讓自己在起伏不定的情緒裡，起碼維持著正常的作息。不需要決定什麼，更不必急著證明什麼，「努力往前走」的第一步，就是「先好好照顧自己」。

妳聽過「時間」就是最好的解藥，然而一份如此深刻的感情，又怎麼可能說忘就忘？！後來妳才懂了，原來時間能給我們的並不是「遺忘」，而是讓妳終於可以「看清楚」。那就是當妳終於出發，終於可以用比較超然的角度看待那段感情，也許在某一個深晚的靜默中、或許在某一個白日的喧譁裡，突然就看清楚了、

想通了，原來當時妳自以為的「安定」，其實是「顛沛流離」；妳當時自以為是「兩個人」一起走進去的世界，其實大多數的時間，都是妳「一個人」在等著另一個人而已。

　　妳還在時間的逆旅裡，努力前進。妳渴望改變，渴望盡快看見變好的自己。

　　妳一直以為走出來的路，是一種倒退，後來妳才明白，它其實是更勇敢的前進。妳以為會看見的都是昔日的舊風景，後來妳才發現，原來它處處都有新發現：妳發現自己每天都又更好了一點點，發現自己一個人也可以走去更遠的地方，然後突然有一天，一抬頭，發現了藍天，發現了藍天下的自己……

　　原來妳從決定要離開起的那一刻，就已經走在一條全新的路上了。

POSTCARD

FINNISH HELSINKI
-26.SEP.2011 PM
B 3

妳一定是靠自己,
才會真的好起來。

———————————

妳知道自己的心只是受傷了,
只要給妳一些時間,妳就會好。

妳不會幻想一個已經傷害妳的人,竟然還會來解救妳。

更不會交出自己最後的尊嚴,去換來第二次傷害。

他不是迷路,感情裡的走開就是走開了。

妳可以等,但不是等他回來,而是專心等自己好起來。

接受他的離開,就是復元的開始。

妳總會好的,不是靠他。
妳一定是靠自己,才會真的好起來。

「好在，你不在」
於是我們才真的靠自己，
走到了更好的將來。

妳還是會想起他。

但妳已經可以做到，是真心地希望，不要再見到他了。
因為那不是一場公平的愛。

因為後來妳好不容易才走到這裡，
而妳還要繼續往前走。

因為妳已經知道，妳真的可以沒有他，
而妳真的要離開他，才有機會找到真的幸福。

「如果你在就好了。」
那是妳這一路經常對自己說的話。

妳懂，他不是離開了才不在。
在那份妳曾經很努力的感情裡，他一直都不在。

「如果你在就好了。」
好在，你不在。

於是我們才真的靠自己長大了。
靠自己，走到了更好的將來。

要怎麼走出來？

不要因為痛苦，就憎恨所有的情緒，
因為那些悲傷，是來自於妳的一份真摯的感情。
不要害怕、討厭，更不要逃避它們，試著跟它們和平共處，
最後讓它們帶著妳，走去更好的地方。

①

先努力讓自己「作息如常」。

②

不要執著於找「分開的理由」。

③

接受，也是盡力的一部分。

④

不要報復，不必證明給他看。

⑤

不要強迫自己「遺忘」，
悲傷是因為後來「看清楚」才淡忘的。

⑥

在走出來的過程裡，挑戰重遊舊地，
去做到自己真的可以。

⑦

不要怪自己，每個傷心都是幸福前的過程，
都會讓我們更清楚自己真正需要的。

⑧

走出悲傷沒有捷徑，可是卻有「最短的距離」，
最短的距離就是「不要再回頭看了」！

⑨

走出來的路一定很辛苦，
可是很多人也都那樣走出來了，而且找到了真正的幸福。

更多內容
請參考
角子影片

捨不得

妳寧可痛苦一時，
也不要跟誰做一輩子的怨偶。

　　遇上了一場不好玩的旅行，妳隨時可以決定不要再繼續往下走。妳當然也知道，如果遇上了一個不好的人，妳也可以隨時結束那份感情。

　　我們在愛的一開始，真的都是如此灑脫的。

　　只可惜，「愛」真的不是一場旅行，旅行可以隨時停損，可是愛卻會因為那些「曾經」而更捨不得；旅行結束，就可以馬上再計畫下一次旅行，可是要在茫茫人海裡，再遇上一個這麼喜歡的人，卻是如此孤獨又讓人絕望的事。

　　那曾經是妳當時盤桓著沒有離開的心情嗎？還是那正是現在的妳，總是在決定離開前的最後一秒，又忍不住留下來的理由呢？

　　他一定很特別，一定對妳做過一些很特別的事，那是妳很難

對別人形容的「特別」，即便妳都已經把細節說得那麼詳盡了，妳發現別人還是很難真的理解。也許是因為那些事情真的沒什麼，也許是因為事實的「鐵證如山」，他對妳真的不算好，連最粗線條的朋友都可以輕易就看出來，妳那麼珍惜的那份愛，其實好不公平。

後來，那變成一場「寂寞」的愛，寂寞地無法跟朋友說，寂寞地不知道未來，寂寞地鼓勵自己，然後越努力就越寂寞地愛著。在那份感情裡，真正「從一而終」的人是他，他從來都沒有改變過他的自私與殘忍；而不斷改變著的，是妳一直幫他找的理由和藉口。

最後，我們不是因為被旁人說服，才離開那份感情的。我們是詞窮，是再也找不到理由可以繼續說服自己了。每個終於離開的人，都有一個「默默的夜」，這份感情，妳真的是一個人默默地進來，最終，也是一個人默默地走了。那些之前都想過的事，妳一個人在那個夜裡還是又想了那麼多遍……

重情的人，總是一不小心就掉進了感情的「細節」，定格放大了那幾件他跟妳經歷過的事情的細節，卻忘了感情最重要的是「態度」，是那份一直跟妳站在一起的態度，是那個始終態度明確的人，才能牽著妳走去幸福。

感情沒有「可惜」，只有珍不珍惜，不懂得珍惜妳的，就一點也不可惜；愛沒有「錯過」，只有想或不想，一個真心要妳的人，再遠都會想辦法來找妳。

一輩子，這個我們在愛裡渴盼的詞，我們也絕對願意為愛努力「一輩子」。一輩子太短，如果能夠跟真心的人共度；可是一輩子也好長，如果妳遇上了感情的冤孽，那就是一輩子的感情地獄。

妳曾經深愛過他，所以離開一定會很辛苦；妳相信他也應該喜歡過妳，如果可以，妳希望他記得這份愛最美好的樣子。妳知道再留下來對你們都不會更好。

妳曾經為那份愛付出許多，妳已經答應自己，這是妳最後一件要為這份感情做的事情：妳會勇敢離開。因為愛應該是美好的事，沒有人應該在愛裡受苦。因為愛不該一直停留在過去，愛應該帶我們走去更好的將來。

因為，妳寧可痛苦一時，也不要跟誰做一輩子的怨偶。

心碎，
就是妳再重新整理自己一次的機會。

———————————

後來，並不是傷口癒合了，
而是妳終於看清楚，
其實在那份感情裡，妳很早就已經是一個人了。

後來，並不是妳終於遺忘了，
而是妳真的感受到，
生命裡有太多美好，更值得妳去記得。

心碎，就是妳再重新整理自己一次的機會。
清空那些永遠不會實現的願望。
更確定，什麼才是應該在我們的生命裡閃耀的。

後來，我們就真的都從那些傷心裡復元了。
而且更瞭解，
生命本來就會自然淘汰掉那些不好的，
而我們唯一要做的，就是繼續往前走而已。

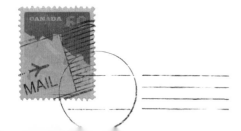

寂寞，
就是妳練習「愛自己」的時候。

———————————

妳嘗過那樣的感受，
因為太依賴一個人，到最後無法自己生活。

因為太想要他的愛，
到最後連怎麼喜歡自己，都徹底忘記。

寂寞，就是妳練習「愛自己」的時候，
妳會好好跟自己說，聽自己說。

寂寞，就是妳好好欣賞自己的時刻，
妳會看見自己的特別和堅持。

不怕寂寞，妳才會知道自己真正需要的幸福。
享受寂寞，妳就擁有了一個人也可以的幸福。

妳終於明白，
寂寞，就是讓妳變得更好的過程。
懂得寂寞，就不會將就，就不會委屈自己。

一個人，妳就勇敢地寂寞。
一個人，妳就讓自己勇敢地幸福。

準備好的人

準備好的人，
才有資格給妳幸福。

　　妳相信「緣分」，妳不只相信而且還很珍惜緣分，妳認為兩個人要在茫茫人海中相遇，是非常不容易的事。

　　妳不是自作多情，妳知道「喜歡」是每份感情裡最重要的事情。所以當妳終於確定他也是喜歡妳的，妳覺得幸福，覺得這份愛值得投入，那就是每份愛一開始最美的時刻。

　　只是，後來妳也才懂了，原來「喜歡」也可能突然變成「不喜歡」。原來這個世界大多數的「喜歡」，到後來都沒有成為真的「幸福」。

　　這些年，妳陸續見過一些愛的樣子，它們最讓你印象深刻的，是他對妳的「坦白」。那是他從一開始就告訴妳，從前的感情曾經在他心上留下的傷。妳珍惜他的坦白，也心疼他的傷，就在他對妳坦白的那一刻，妳覺得自己突然成為了他的依靠，覺得自己

應該要給他更多的愛。

　　只是後來妳也終於明白了，原來他對妳的坦白，並不只是坦白了他從前的傷，而是也對妳坦白了，他此後在你們那份感情裡的許多「做不到」。那不是妳給他的傷，不是妳的過錯，卻是妳必須承擔的苦果。原來，他當時正在告訴妳的，並不是一個故事，而是他此後最合理的藉口。

　　妳現在是真的知道了，妳要的，是一個「準備好」的人。準備好承擔，也準備好要一起努力。

　　妳再也不要愛上一個只是單方接受妳對他的好，卻不願意承擔愛的責任的人。再也不要把自己的心交給一個明明在「兩個人」的關係裡，卻還是經常用「一個人」的思維對待妳的人。妳想要在「愛」裡發現的，是更多的勇氣與可能，而不是為了留住這份感情，而必須開始不斷限縮跟修改「愛」美好的定義。

　　妳再也不會想陪一個傷心人「走過從前」，那不是你們的故事，是他必須自己先想清楚後才應該的重新開始。讓他重新相信愛情，那更不是妳的責任，是他自己必須先沉澱後才能作的決定。可是那卻是妳的青春！妳不要自己在辛苦一場後，才發現原來自己只是他上一份感情的補償跟替代品而已。

於是，妳這才看清楚了所謂的「緣分」，真正的緣分是因為兩個人的珍惜，才成為緣分，否則都只能算是交會。大多數其實應該更短暫的交會，都是被我們用「緣分」的理由延長。而我們大多數因為「緣分」而流的眼淚，在緣分另一頭的那個人，其實並沒有那麼捨不得。

　　不是因為寂寞，更不是因為急著要走入下一步——妳要的是一個不只「喜歡」妳，也要懂得「珍惜」妳的人。因為「喜歡」只是一種感覺，所以才會突然從喜歡變成不喜歡。可是「珍惜」卻要用心，只有用心才能真的一起，把喜歡走成幸福。

　　談感情，請準備好再來。

　　準備好的人，才有資格說愛。準備好的人，才有資格給妳幸福。

原來，他不是一個騙子。
他只是給不起妳幸福而已。

———————————————

妳聽過許多愛情的說法，妳聽過許多別人給妳的答案。
後來，關於那場愛，妳終於也有自己的答案了。

原來，那真的是他要的愛情。
他也喜歡自己在愛情裡的樣子。
他只是撐不久而已。
原來，他不是一個騙子。
他願意給妳快樂。
他只是給不起妳幸福而已。
原來，妳在那份感情裡失去的，
比起那些微薄地得到的，真的多太多太多。

妳後來得到最棒的答案是：
原來，妳後來真的可以不必依靠他，走上了更好的路，
而且靠自己，找到了更好的將來。

沒有回報的感情，
是不會成為幸福的。

─────────────────────

愛要耕耘，但不能不問收穫。
沒有回報的感情，就不會成為幸福。
沒有先苦後甘的愛，
每個階段的愛都應該要有它的甜，才值得努力。
妳的努力是要用來回報對方的努力，
而不是兌換傷心。
把妳的努力用在對的人身上。
每個人的人生都一樣珍貴，妳從不去耽誤誰。
也會一直記得提醒自己，別被誰耽誤。

有些人，比較適合用來懷念。
有些愛，比較適合當作過程。
往前走吧。
把珍貴的幸福，
留給更好的自己跟那個更好的人。

UNITED STATES
12.05.1925
FINNISH
SERVICE D
-26.SEP.011PM
B

等待

怕跟妳走散的人，
一定會先跟妳說好要去的目標。

　　一個人的孤單，可以想辦法紓解。兩個人分手後的寂寞，也可以努力慢慢堅強……明明身在兩個人的世界裡，卻只能苦等著對方的答案——如果妳也曾經在一份感情裡，等待過對方，妳就會明白，那才是全世界最寂寞的事。

　　妳在那份感情裡等著的，是他的「下一步」，是關於你們這份感情的「接下來」。

　　妳沒有自作多情，妳是很確定他也是喜歡妳的，才開始走進他的生活。妳一直以為，當兩個相互喜歡的人終於相遇，就應該要一起努力前進。

　　就像每份感情那樣，一開始總是很快樂，直到妳發現那份感情一直停留在原點——妳從不害怕為愛繼續往前，他卻比較想停留在現在；妳願意為愛承擔更多，他卻只想保有現在的快樂就好。

妳不是不喜歡現在的快樂，但如果兩個人除了「現在」，還可以為「未來」一起努力，那此刻的快樂會不會更踏實？!如果兩個人不只感受到快樂，還可以感受到責任，那原本只是單純的「在一起」，是不是就比較有機會變成真的「人生」？!

　　每個苦等過的人，都曾經得到過一些理由，除了對方給的，還有那些妳幫他想的。妳說服自己最好的方式，就是告訴自己不要再多想了。然後妳發現那份感情漸漸停滯了下來……妳發現只能看著現在，而不能想像未來的感情，叫作「快樂」，而不是「愛」。妳發現在感情裡要妳「活在當下」的人，並不是因為他們知命豁達，而是因為他們不想為這份感情負責。而那些說妳「想太多」的人，大多數是因為他們連一個最簡單的明天，都無法給妳。

　　那是許久的後來，當妳發現那場快樂真的說散就散，那個不能給妳下一步的人，後來也真的說離開就離開，妳才真的明白，這個世界的愛不是只有「愛」與「不愛」，還有一種愛是介於「愛」跟「不愛」之間——他喜歡妳，但沒有喜歡到要專屬於妳。他在乎妳，但沒有在乎到要為了妳調整自己。他珍惜跟妳在一起的快樂，但沒有珍惜到要委屈自己。

　　妳珍惜這場相遇的「緣分」，所以才會希望這份感情還能夠有「接下來」。妳希望的「接下來」不一定要是美麗的夢想，而是兩個人可以一起努力的目標。它是約定，更是彼此對愛的承擔。

「緣分」的發生可以依靠運氣，可是那個真的珍惜妳，太害怕會跟妳走散的人，接下來絕對不會再依賴運氣，一定會先跟妳說好要去的目標。

於是每一個等不到「接下來」的人，最後也才紛紛懂了，原來那個無法告訴妳「接下來」的人，是因為這份感情還沒有特別到無法失去；原來他們最大的苦衷，是因為他們其實並沒有那麼愛妳。

妳會懷念那段時光，但妳已經決定不再停留。妳相信他很快就可以再找到新的快樂，比起他很快地東山再起，妳知道妳必須花一段時間才能真的走過……但再辛苦都不會比那場等待辛苦。那是妳在那場等待中至深的體會：妳寧可一個人平靜地過，也不要再把珍貴的感情，拿去滿足別人的自私；妳寧可把時間用來取悅自己，也不再把幸福的權利，交到別人手裡。

從此，妳在茫茫人海，跟愛的人將不只相遇，還要看見他真的能夠為愛承擔，才會給上最珍貴的自己。

因為妳要的不是短暫的快樂，而是相互扶持的人生。因為妳知道人生不會總是快樂順利，一定要一個願意承擔的人，才能真的陪妳走過風雨。

真的懂妳的珍貴的人，
不必妳用眼淚證明妳的無怨無悔。

————————————

一個人慢慢走，一個人慢慢地喝一杯咖啡。
一個人，靜靜地坐一個下午。
當心覺得很累的時候，妳就會慢下來，
安靜地跟自己相處。
妳一直知道，妳可以給自己的愛和安定，
才是妳這一生最珍貴的財富。
妳總是會記得提醒自己。
不要把幸福的可能交在別人手上 ，
更不要把珍貴的感情，用來滿足對方的自私。
真的懂妳的珍貴的人，不必妳用眼淚證明妳的無怨無悔。
真的想跟妳走遠的人，一定會告訴妳他想去的目標。

妳不再被欺騙，也不再騙自己了。
說好是兩個人的路，妳絕不一個人孤寂地走。
該一個人努力的追尋，妳也不跟誰湊和著上路。
兩個人，一定是且行且珍惜。
要不然，妳就一個人瀟灑。
一個人海闊天空，一個人從心所欲，一個人對自己，
問心無愧。

「等待」不應該是傷心，
而是全世界最美好的事。

———————————

　　妳寧可一個人安靜地生活，
　　也不要再隨著一個人的心情起舞。
　　妳寧可等待一個有心人來敲門，
　　也不要再在傷心裡無處容身。
　　等過了，就不用再幫他找理由。
　　妳再也不要讓等待成為習慣了。
　　妳會努力學會，一個人也可以欣賞花開。
　　妳會努力明白，等一個有心人，不管多久都值得。
　　妳會努力做到，讓等待不再是傷心，
　　而是全世界最美好的事。

獨腳戲

獨腳戲

　　妳一直以為愛是溫暖的，妳從來不知道當妳愛上一個人，竟然會如此寂寞。

　　妳懷念你們剛認識的那段時光，妳總是繞著他轉，對他有說不完的話，他笑著聽，他是妳最好的觀眾。直到現在，妳還是會努力圍繞著他，因為妳知道如果不努力走在他的生活圈裡，那妳應該就會失去他。現在妳變成他最好的觀眾，妳只能默默地看著他的作為，然後揣測他的心意。

　　你們是從何時開始不再交流？那道隱形的屏幕，又是何時，在你們之間升起？

　　那種明明在兩個人的世界裡，卻還是經常覺得自己是一個人的感覺；那種明明在一份感情裡，卻要自己填上被空下的對白的心酸。妳不是感情的戲子，卻在生命演出這檔「最寂寞」的獨腳戲。

很多妳想說的話，妳有的真的說了，有的被他打斷了。妳覺得他有的懂了，有的裝作不懂。他給妳的理由都算充分，但真的不夠慈悲。他不是一個陌生人，他是妳傾盡全力去愛去心疼的人，可是他卻忍心給妳一個只能堵住妳的嘴，卻依然會讓妳心慌得徹夜難眠的答案。

　　妳為他熬過那麼多日出，你們的感情最後卻還是落幕了。懂妳的辛苦的朋友，都勸妳應該離開。妳知道，妳只是需要一個理由才能好好走開。那個理由，他也許給妳了，也許沒有。但這世界沒有一個理由，可以真的說服一個不想離開的人。於是，妳竟然開始懇求他，妳說妳可以改，改成他想要的樣子。妳可以給他時間冷靜，給他時間考慮。事實是，他從來沒有真的考慮，等著的人，一直都只有妳。妳在那個單方的約定裡苦等著，沒有人前來，那是妳後來「最任性」的獨腳戲。

　　直到，妳確定他是真的離開了，明明是曲終人散，那場「最殘忍」的獨腳戲卻才正要上演……那時妳開始責怪自己：怪自己當時不應該想那麼多，不應該有那些堅持，妳責怪自己是不是終究還是不夠努力？！妳對自己最殘忍的作為，是用他說過的每一個不愛妳的理由來打擊自己，妳覺得自己如果這麼不好，那接下來怎麼可能會遇見幸福？！

　　這世界正此起彼落地上演著的「獨腳戲」，在戲裡徘徊的人

啊，又是在什麼時候才終於看清楚了自己眼前的劇本，那場本應只有幾幕的「單元劇」，卻是被我們自己又不斷加碼演成了「連續劇」。

你們不是一起快樂了那段時光，你們是把問題拖了那麼久；你們不是彼此付出了那段時光，而是妳竟然為他空轉了那麼久。

一個無法跟妳溝通的人，經常不是「不能」，而是「不想」。一個妳費盡心思想留住的人，其實心都早就已經離開。而一個連慈悲都不懂得的人，又怎麼可能給妳什麼有人性的理由？！

他沒有資格抱怨，因為他從來都不在那份感情裡，從來都沒有想為那份感情努力。他更沒有資格詆毀妳，因為他從前沒有想珍惜過妳，此後也不會跟妳的人生再有任何關係。

感情無法一個人獨撐大局，幸福更不可能是獨腳戲。妳懂！因為妳真的試過一個人「獨腳」在愛裡前進，揮汗、流淚，最後卻依然還在原點。妳真正要的是一個願意跟妳一起走的人，兩個人，各自成為愛情的一隻腳，兩隻腳的愛情才走得遠，兩個總是能互動的角色，才能詮釋出真的幸福。

不想再懂妳的人，
是全世界最陌生的人。

────────────────

當時那麼堅持的對，跟認為對方的好，
後來妳都有了新的答案。
當時只看見的傷心和眼淚，
後來妳也又看見了真相和道理。

妳終於明白，妳一直糾結著的，都其實已經不是重點。
妳後悔著應該再多做的事，其實對他也不會有任何意義。

不愛了的感情，是全世界最殘忍的東西。
不想再懂妳的人，是全世界最陌生的人。

妳真的知道了，一份一開始就知道不對的感情，
到後來也不會對的。
一份早就預感的傷心，真的發生了，一樣會讓人心碎。

妳再也不要為了一個不真心的人欺騙自己，
不會再為不珍惜的人改變自己的樣子。
把妳的勇敢留給將來那個會跟妳一起努力的人，
把妳的熱情留給總是在妳身旁的他，
讓他知道選擇妳，會有多幸福。

接受，
也是妳該盡力的一部分。

妳真的盡力了，盡力為那份愛付出，
最後，也盡力去留住他。

後來妳才發現，
接受，也是盡力的一部分。

接受一個曾經對妳那麼好的人，
最後真的可以不再在乎妳。
接受一個曾經跟妳那麼靠近的人，
原來走開了，也可以跟從前過得一樣好。

接受，本來就很難，本來就不會很快，所以才要盡力。
這是妳為那份感情的最後一次盡力，
妳也會讓自己過得更好，而且妳一定可以做到。

AIR MAIL

放下

真正的「放下」，並不是原諒或遺忘，
而是妳終於開始心疼自己。

　　妳還在努力，努力不只「離開」，而是真的「放下」那段感情。
因為妳覺得只有放下，才能夠再繼續往前。只有放下，妳才能夠
恢復自由的生活。

　　妳想過許多關於「放下」的方法，「一場好的結束」是妳想
到的第一個方式。妳苦求著能夠跟他再見一面，兩個人可以好好
地「說清楚」，然後妳也可以從此「好好地」重新去生活。後來，
妳才懂了，原來感情是很難「說清楚」的，兩個人也很難真的「好
好地」分開，而妳最後最深的體會是：即便是一個曾經跟妳那麼
親近的人，當他不再愛妳，不管妳再做什麼，都不會有任何意義。

　　至此，妳才明白，原來他早就「放下」妳了！而妳的「放下」
之路，卻才正要開始而已。

　　妳開始強迫自己去「遺忘」，只可惜，那不是一把輕易就可

以丟失的傘，而是一段美好的時光。那不是一個只要用「都過去了」的指令就可以即刻銷毀的檔案，而是一份妳曾經真摯投入的情感。比起妳蒼白的今日，那些歷歷在目的從前，才是真的色彩斑斕……妳真的做不到！那是每一個心力交瘁的人，最後都還是揪得牢牢地無法放下。

妳這才懂了，原來他的「放下」只在頃刻之間，就可以完成，而妳的「放下」卻是如此龐大的工程。於是妳也才寂寞地瞭解了：原來在那份感情裡，不管是「承擔」或是「放下」，妳都是「一個人」的。

我們這才紛紛地「一個人」上路了，那些妳始終放不下的，就先帶著走吧！心很苦，但還是要努力往前，因為只有往前，才有可能走到不一樣的地方；路很長，所以才更要提醒自己，別再繼續詮釋那場悲傷，已經夠辛苦的路，妳就不要自己再加長。

一個人的重新開始，妳看見的「從前」一定比「現在」多，直到妳在那一次次的記憶回放裡，終於漸漸地看見了、確定了，這份感情從開始到最後，妳的在乎和悲傷，跟他的冷靜和從容，竟然一直都是那麼強烈的對比。

這一路，妳真的沒有做錯什麼，明明是允諾的人不遵守承諾，為什麼卻是妳在苦苦質疑自己？！如果這份感情裡最重要的另一

個人，都不認為這樣的失去有什麼可惜，那我們一直苦守著的「遺憾」，又怎麼能夠真的成立？！

妳看著這一路傷痕累累的自己，妳以為會流下更多的眼淚但是並沒有，為什麼妳竟然會覺得鬆了一口氣？

妳一直以為「放下」很難，因為放下就是「遺忘」或「原諒」。

妳終於明白，那不是「遺忘」，而是「看清楚」；那不是「原諒」，而是「不值得」；那不是「放下」，而是妳終於瞭解了，真正應該被妳放在掌心呵護的，並不是一份逝去的從前，而是現在的自己。

真正的「放下」，並不是原諒或遺忘，而是妳終於開始心疼自己。

妳會繼續往前走，妳不再強迫自己「放下」，可是妳會一直記得把掌心的位置留給自己，讓那些不重要的東西自然地脫落。就像呼吸那般自然──要先吐掉不好的，才能再吸進更好的，然後我們會長大茁壯，然後終於瞭解，生命裡的每一次「放下」，都是讓我們走向更好的過程。

妳真的明白，
如果繼續在那份感情裡留下來，對你們都不會更好。

———————————————

真正的走出來，並不是不再想念，
也不是不再有遺憾或者後悔了。
真正的走出來，是妳真的明白，
如果繼續在那份感情裡留下來，對你們都不會更好。

妳不想再勉強他，也不想再勉強自己了。
妳還是會懷念那份感情，因為它曾經如此美好，
於是妳不想再改變它，妳把它放在記憶裡，
妳知道那就是它最後最美的樣子。

妳知道當妳決定離開，
當妳終於決定走出他的生活，妳就已經走出來。

妳已經在路上了，最難的部分，已經走過了。
妳總會走出來的。

在走出來的路上，妳總是會記得提醒自己，
妳不是正在走出悲傷，
妳是正在走向另一個更好的可能。

這世界大多數的愛，
都只是兩條線的暫時交集。

————————

後來，妳才明白，這世界大多數的愛，
都只是兩條線的暫時交集。

所以才會在日後當妳想起那份感情，
都只有輪廓，而沒有細節。

讓只能給妳表面的人，
自然而然地淡出妳的人生。

努力往前走吧！
讓那個願意用心給妳細節的人，
告訴妳什麼才是真的幸福。

要怎麼做，
才能真的放下？

1.何時是該分手的時候？

a

無法再溝通了

b

一直鬼打牆地面對同樣的問題，
很累。

c

兩個人沒有共同的目標，
沒有未來的計畫。

d

對方想分手

2.讓自己放下的方法

ⓐ

停止詮釋悲傷

不要一直去詮釋自己的悲傷，
放下的路已經很辛苦了，不要自己又再加長那條路。

ⓑ

不要懷疑自己

每份愛都是單一事件。大多數的分開都是因為不適合。

ⓒ

努力把焦點放在自己身上，不要再執著在研究分開的理由。

不愛了，就是最好的理由。

ⓓ

暫時不要當朋友

不要讓自己有機會用友情偷渡愛情；提分手，又說還是可以當朋友的人，
其實真正想表達的重點是「分手」，而不是當朋友。

ⓔ

不要約定

━━━━━━━

分手就是分手了，不要約定先各自生活的時間，
通常對方會這樣約定，只是為了讓自己更好離開而已。
不要用還沒有真的分手的錯覺欺騙自己，
把自己留在一個空殼裡。

ⓕ

不要再用任何方式探問對方的近況

━━━━━━━

避免干擾自己的努力，先專心過好自己的生活吧！

ⓖ

不要急著找新戀情

━━━━━━━

越想找新戀情分散自己的注意力，
就越容易踩到雷，造成二度傷害。

更多內容
請參考
角子影片

3.要怎麼樣才是真的好了，可以再愛了？

ⓐ
愛是無法準備好的
―――――――

妳永遠不知道迎面而來的，是終於的幸福，還是妳的桃花劫？
所以只有勇敢去面對跟嘗試，
在過程中學習跟成長，才是面對愛最務實的姿態。

ⓑ
害怕是沒有意義的
―――――――

保證安全跟幸福，在感情路上是絕對不存在的。
妳唯一可以確認的是「勇敢」。
是相信自己就算跌倒了，也擁有再站起來的能力。
害怕不保證妳不會受傷，
可是因為害怕而不敢前進，就一定不會幸福。

ⓒ
不要為愛設限
―――――――

太渴望跟太害怕都是對愛的限制。
開放心胸，知所進退，讓愛帶妳去愛，
讓下一個更好的人，告訴妳什麼叫作真的幸福。

祝 福

只有善良的人，才會遇見另一個善良的人，
那就是上天對妳最好的祝福。

「角子，我對他還是有很強的報復心，我不知道該怎麼辦？
難道他對我的傷害，都不用付出代價嗎？」一封讀者的私訊，突
然傳進我的臉書信箱。

我們沒有，也不想那麼偉大，對於一個在情感上傷害過我們
的人，我們不想祝福。當我們後來越來越清楚對方的自私，越來
越確定對方真的從來沒有想要珍惜過我們……如果「報復」很簡
單，而且沒有人會知道，如果這世界真的存在著一顆按下就可以
啟動「報復」的按鈕，妳會按下去嗎？

然而，事實也可能是，對於那個妳怎麼努力都忘不掉的人，
動用「恨」去覆蓋「愛」，永遠是最快速的方式。於是，我們一
遍又一遍地回想對方的可惡，我們以為那樣就可以忘記，卻其實
是一次又一次地把對方重新刻印在我們的記憶裡。

我們信誓旦旦地告訴自己，一定要活得比從前精采，讓他知道，讓他後悔，然後最後才明白，原來我們還是那麼在乎對方的看法，原來那麼努力想走出去的妳，還是繼續活在那個以「他」為準的框框裡。

　　那是妳活得很像「鐘擺」的一段時光，妳在愛和恨之間、在希望和絕望之間、在想念和憤怒之間擺盪，直到確定對方真的已經走遠了，直到我們發現接下來不管我們成為什麼樣的人，是悲傷或是快樂，都再也不是對方的人生注意事項，我們才終於停止擺盪，才終於確定自己真的是一個人了。

　　「報復」並不珍稀，每個人都可能具備了報復的潛能，甚至還真的在心底浮現過要報復的念頭。而我們之所以最後沒有選擇報復，並不是因為這世界沒有那個「報復」的按鈕，更不必是因為理性或冷靜，而是妳在那份總是替他想的感情裡，終於也懂得替自己想了。

　　「報復」只能毀掉他一時的快樂，卻足以毀掉妳一生對愛的態度，妳沒有要走上那樣的路，那絕不是妳想要的「愛」的樣子。妳要的愛是誠心誠意，而不是權謀算計；是一起變得更好，而不是相互毀壞。

　　「報復」更不是一場愛的結束，而是另一場仇恨的全新開始。

妳不會用「恨」接續「愛」，因為恨找不到愛，只有愛才能找到另一份溫暖的愛。

看錯愛，沒關係，可是妳不會把自己也變成錯的人。要走過一場不幸福的感情，最快的方式，就是不要再延續它的不幸福。要離開一個不想讓妳幸福的人，最好的方式，就是不要再讓他有任何機會，出現在妳正要出發走去的路上。

妳不報復，並不是原諒他，而是他不值得妳繼續再為他消耗自己。妳不報復，並不是想祝福，而是妳已經明白，愛的相對並不是「恨」，而是「不在意」，那是妳答應自己，接下來要努力做到的事情。

如果這件事情的最後，應該有人被祝福，妳知道那個人一定是妳。妳不會忘記自己對愛的初衷，妳會繼續堅持對愛的誠懇，因為妳知道只有善良的人，才會遇見另一個善良的人。只有兩顆誠懇的心，才會成立永遠的幸福。

妳知道，那就是上天對妳最好的祝福。

不奢望再去影響他，
就是妳不再影響自己，最好的方式。

─────────────────

當一份感情再也沒有接下來，
這份感情就是妳一個人的事情了。
因為是一個人的事情，所以要更在乎的是自己的感受。
要怎麼做才是對自己最好的？

因為是一個人的感情，所以再也不必急著有決定，
不必急著定義，不必再在意他的喜歡。

可以傷心，可以懷念，都與他無關。

不奢望再去影響他，就是妳不再影響自己，最好的方式。

一個人，帶著，走著，等著有一天，
突然發現它只是一陣吹過的風。
也可能長成一棵大樹，永遠種在妳記憶的大道裡。
那都是妳一個人的事情了。

與誰同不同意無關。
只要妳好就好。

那就是妳紀念一份真心，最後的方法。
那就是妳告別那份感情，最好的方式。

妳現在正在做的每一件讓自己更好的事，
就是妳在那一天，會終於看見的自己。

妳還在努力，偶爾勇敢，偶爾無以為繼。
妳好希望趕快走過這一切，
好希望可以盡快看見，自己走出來的那一天。
那一天的自己，又會是什麼樣子呢？

親愛的，妳一定會走到那一天的。
因為那是常理，所有傷心的人，後來都一定可以走到的。
然後發現，那份愛裡面最珍貴的，
並不是想念，也不是那些付出，
而是妳從來沒有放棄對自己的相信，
相信自己可以，相信自己值得被珍惜。

妳只要負責努力就好了，幸福就讓老天爺給妳。
妳一定會走到那一天，妳一定會看見更好的自己的。
因為妳現在正在做的每一件讓自己更好的事，
就是妳在那一天，會終於看見的自己。

PAR AVION
FLYG POST
AIR MAIL

18 dec Local, Bakesfield

遠距離

一定是兩顆「零距離」的心，
才能夠成立「遠距離」的愛情。

　　掛上視訊電話，想説的話還有很多，但其實妳真正想説的是：
「我很想你。」

　　妳從沒想過會談「遠距離的愛情」，那不是妳意料中的選項
——然而，妳真的有過「選擇權」嗎？妳想過這個問題。當他第
一次跟妳説要去異鄉工作的時候，妳愣住了，妳知道那是他的「未
來」，做為一個愛他的人，妳只能選擇支持對不對？！只是他的
「未來」裡有妳嗎？如果有，那為什麼妳比較像被告知一個結果，
而不是真的有權利參與討論呢？！如果沒有，那為什麼他看起來
還是會擔心，會捨不得妳呢？

　　妳沒有得到確定的答案，可是妳確定自己會等他。妳努力把
一個人的日子過好過滿，妳在那些近似單身的日子裡，守著兩個
人的情操；妳在單人的寂寞裡，追憶著從前雙人的幸福。妳努力
不要那麼常想起他，但妳又擔心這份感情會不會因為這樣而越來

越淡？妳不希望成為他的負擔，但又害怕他會忘記，其實一個人的妳，還是很需要他的鼓勵，才能夠再繼續堅持下去。

後來，那變成妳的習慣，妳開始在心底跟他對話，把生活遇見的每一件事情，先跟在心底的他說一次，就好像他還是一樣在妳身邊。然後，在每天晚上的視訊電話裡，再跟遠方的他說一次。因為只有這樣雙倍的努力，妳才會覺得你們還是在一起生活。因為愛就是生活，如果你們的愛，已經沒有了共通的生活，那這份感情，要如何繼續維繫下去？！

不知從何時開始，你們的感情變成由每天的那通電話決定，今天聊得很開心，那這份感情就很好；如果今天的聊天發生了不愉快，就好像一道突然被劃傷的傷口，只能任它發炎，而無法就近修護。

於是妳也才瞭解了，原來一份遠距離的感情，最重要的前提是要有「深厚的基礎」，一份有基礎的愛，才能隔著距離，依然有它的抗菌力，才能在無法即時修補的空檔裡，彼此還能因為想起從前的過程跟情分，而願意繼續努力。

漸漸地，妳開始習慣一個人的生活，所有那些脆弱的時刻，妳都必須自己去面對。妳也不再告訴他生活裡的每個細節，妳知道有些情緒必須要自己消化，才不會成為這份「遠距離感情」的負擔。

妳偶爾會覺得辛苦，甚至無以為繼。但妳總是可以在冷靜後再重新安定自己，繼續往前走。而讓妳繼續前行的動力，並不是「從前」，因為再美好的從前，也會被距離消磨殆盡。妳努力的動機，是因為「以後」，是因為你們有共同的目標，正在一起努力。

你們應該努力的，並不只是為了要留住一份「從前」的感情，而是要讓這份感情，繼續往你們「將來」要去的地方前進。那你們的苦，吃得才有意義。你們現在吃的苦，將來也才有苦盡甘來的可能。

而妳終會明白，妳究竟是在他的「未來」裡，還是一個他在出發前來不及整理，先暫時擱置的待辦事項而已？！

這一定是一份特別的感情，因為遠距離的愛情，總是歷經艱辛。妳也一定很特別，才能隔著距離還依然堅持著。只是最後妳也要記得提醒自己：一份「特別」的感情，一定是因為兩個人都願意「特別努力」才會成立。

那就是當妳覺得疲累、孤單，妳仰望天空，妳知道在這份愛的另一端，有一個人也跟妳一樣正在努力著，妳覺得溫暖、勇敢，覺得又有了繼續堅持下去的力量。

就算相隔萬水千山，他的心一直都在妳身旁。一定是兩顆「零距離」的心，才能夠成立「遠距離」的愛情。

一個人對妳最大的「用心」，
就是讓妳覺得「安心」。

———————————

一份平凡的感情，只要兩個人都願意用心，
處處都是幸福的感受。

一個人對妳最大的「用心」，就是讓妳覺得「安心」。

一個人所能給妳最好的幸福，
就是不管這個世界發生什麼，他都會為妳，守在那裡。

在平凡裡耕耘，在平凡裡感受，
就是妳想要的，最踏實的不平凡。

大多數當時不要妳的人，
其實都配不上妳。

後來，我們終會把疑問交給時間。
讓時間幫助妳分辨，
什麼人對妳的情感只是信手拈來，
而妳也終將回報以遺忘。
什麼人，只是沒有妳勇敢跟堅定，
於是妳也可以釋懷，把他曾經的好，變成美麗的回憶。

時間就是最後的真相。
有些人，自然而然地就不會再想了。
有些人，偶爾想起來，也不怨了，也可以理解了。

時間就是最終的裁判。
傷心的人最後終會瞭解，
大多數當時不要妳的人，其實都配不上妳。
而妳以為無法走過的人，
妳後來都絕對可以走過，而且活得更加精采。

單戀

一廂情願

妳最早的「一廂情願」是喜歡上一件衣服或一雙鞋。妳滿腦子都是它，妳想像穿上它會變得很美的樣子，妳想像穿上它去做許多事情，它會讓妳的世界更美好。

那不是妳輕易能負擔的單品，如果是妳隨手就可以擁有的，它也不會有機會在後來又占據妳的心靈，但最後妳還是任性了，妳也許先刷卡透支了，又或許存了好一陣子的錢，總之妳是一定要擁有它的！

妳後來的「一廂情願」是愛上了那個人。妳知道那樣太早，但妳還是忍不住先想像了跟他在一起幸福美好的樣子。

那是妳在短暫快樂後的真實面對，妳發現那件衣服並不真的適合妳，那些妳為了搭配它而翻箱倒櫃找出來的單品，都無法把它救回來；至於那雙鞋，誰的鞋櫃沒有收過幾雙高貴卻不實穿的

鞋子呢？！妳用那場腳痛記住它，直到妳忘記了那次的痛楚，它也就被妳遺忘在鞋櫃裡。

我們對物品的一廂情願，比較容易放手。我們對「愛」的一廂情願，經常是更堅定執著。

妳在那場「堅定」裡，想像了多少的快樂，就吃了多少的苦。妳總是在等著他，等著他出現、等著他懂妳、等著他對妳說……妳從來都沒有真的等到什麼，妳唯一等到的是「寂寞」，然後接下來又在更大的寂寞裡，開始下一場等待。

你們不是沒有過快樂，說不上是命運，還是妳插手了命運的結果，妳努力地接近了他的生活，妳在那樣的交集裡得到了快樂。有時候，妳會覺得那跟一般剛開始交往的情侶其實並無差別，只是後來妳也懂了，真正的情侶會在每一次的聚會後積累進度，而你們的相聚，卻總是在揮手道再見後，妳以為將要前進，卻其實還在原點。

他沒有騙妳，他沒有跟妳說過這是「愛」，也沒有給過妳任何承諾。妳不是要他負責，妳是太希望這份感情可以成真，於是，妳終於還是鼓起勇氣去要了一個答案。

答案當然是「不是」，如果是，他就不會讓妳一直等。妳其

實都心裡有數了，但妳還是又傷心了一場。「為什麼不能是我？」妳已經不知道這是自己真正想問的問題，還是對他的懇求。妳有多愛一個人，接下來就有多容易失控，他的答案總是很難真的說服妳，於是年輕、又對自己無能為力的我們，很容易就選擇最難堪的方式告別，因為只有那樣，我們才會死心，一定要心死了，身體才肯走開。

那是妳後來跌跌撞撞的一段時光，那是許多人在青春裡曾經留下的傷，而妳又是在多久的後來，才真的懂了，這個世界的愛，不是只有「要」或「不要」，更不是只有「存在」或者「毀滅」。如果「愛」真的是世間如此美好的事，那麼在愛的世界裡也應該存在著：我真的很喜歡你，也謝謝你沒有欺騙我。

於是妳也不應該再繼續騙自己。把那些妳放不下的，放在心底。把那些他不肯收下的，替將來那個會珍惜的人先收好。沒有「對錯」，在愛裡誠實的人都沒有錯。更不是「錯過」，所有最後沒有發生的愛，都一定有它不會發生的理由。

妳懂的，那是妳後來總是很輕易就可以走過的一扇櫥窗，櫥窗裡的那件衣服好美，妳欣賞、喜歡，但妳知道它們並不適合妳，妳已經知道什麼才是自己最美的樣子。

就好像後來妳也已經明白，這世界最美的「一廂情願」，並

不是犧牲或強求，而是妳終於懂得將那份喜歡放在心底。多年後當妳回頭、當妳想起，那是妳曾經那麼單純地喜歡過一個人，依然美好、依然完整，依然在記憶裡，閃耀如昔。

幸福，就是妳不必追逐，
始終在妳身邊的那個人。

───────────

不只相愛，還能夠一起走過風雨，愛才會真的成長。
不只喜歡，還要願意替對方想，才是真的感情。

這一生，妳會遇見許多人。
會迷惑，會傷心；會快樂，當然也會惶恐。

而妳終會明白，什麼人只是妳必須經過的風景，
什麼人才是妳旅程最後的依歸。

妳曾經以為很抽象的幸福，後來也變得越來越清楚。
幸福，就是妳不必追逐，始終在妳身邊的那個人。
幸福，就是當你們一起走著，
兩個人心底都知道，你就是我最舒服的依靠。

愛的發生和結束都是很難阻止的。

後來你也漸漸理解,當時那些對我們造成傷害的人,
也許是因為我們對他們的好,超過了他所經歷過的,
於是才沒有在第一時間就拒絕我們。

甚至,並不是他欺騙了你,而是我們自己騙了自己。
就好像,我們當時也很難真的阻止自己,
不要喜歡上那個人。

愛的發生和結束都是很難阻止的。
試過了,盡力了,也就對得起自己了。

不是每次遇上的,都一定會是幸福。
妳的傷心,也沒有人會真的負責。
於是,我們也可以練習簡化自己的悲傷,
因為,還有更重要的人,在前面等妳。
因為追求幸福,不只是妳的權利,更是妳對自己的責任。

尋找

帶自己，去更好的地方。

　　長大後，妳想去的地方很多，妳最想去的地方，叫作「幸福」。

　　「幸福」沒有地圖，只能自己摸索。我們在那條尋找「幸福」的道路上，唯一比較具體的線索叫作「喜歡」，那就是當妳遇見了一個喜歡的人，就彷彿看見了「幸福」的樣子。

　　「喜歡」是美好的，可是「喜歡」也是危險的。如果妳喜歡的是一個誠懇的人，那份喜歡就算最後沒有成為幸福，也還是一場美好的相遇；如果妳不幸地喜歡上了一個沒有良心的人，妳必須受多少傷才能看清他的謊言？！得吞下多少苦，才能讓自己真的可以離開那場「喜歡」？！

　　而我們又是在踏上幸福之路的多遠之後，又是用了多少次的傷心才終於懂了：「喜歡」可能是一份幸福的開始，但會讓妳真正感覺到幸福的，是妳在那份感情裡，有沒有成為一個自己也會

「喜歡」的人？

　　妳在幸福之路上遇見的那個人，是讓妳看見了更大的世界，還是讓妳退到了最陰暗的角落？是讓妳變得更勇敢，還是逐漸失去自信？是讓妳開始不相信幸福，還是越來越確定自己正在走去的，是更好的地方？！

　　「帶自己，去更好的地方。」那是妳後來在這條路上經常對自己的提醒，是妳關於幸福，最重要的標示。妳不再隨之起舞，不會再隨著一個不懂得珍惜妳的人，持續曲解幸福的定義。不想帶妳去更好的地方的那個人，不願意跟妳一起努力的那顆心，妳就不會再為了他，停留在那裡。

　　妳不會再執著，妳會欣然接受錯誤，因為每當我們失去了一個不適合我們的人，就是我們又更明確地找到了自己。在找到那個「對的人」之前，讓我們先找到「對的自己」，更清楚什麼才是真正適合自己的人，更清楚什麼才是自己真正想要的愛。

　　在幸福的路上，妳才是自己最值得珍惜的人，妳不是要苦苦留住誰，才能留住幸福。讓那些不同路的人，自然而然地離開。你們本來就應該要同行一段，才知道彼此想去的目標，是不是相同。

　　妳一直知道，妳不是這條路上唯一的人，那些妳正在吃的苦，

也有很多人正在艱辛走過。妳會奮力向前，妳知道自己從不孤單，這個世界跟妳一樣相信的人有很多，不只相信，而且確定，前方一定有更重要的人、更美的風景，在那裡等妳。

妳終於明白，幸福並不是一個地方，幸福是一條路，當妳一旦啟程就開始不斷地積累，每陣風雨，最後都更豐潤了妳，每段路程，最後都會成為智慧的累積。

那就是當妳傷心不安，或者正面對著困難的抉擇；那就是當妳在豔陽之下，或者在那個黑暗得沒有星星月亮的夜晚，不論在什麼時刻，或是在哪個地方，妳都不會迷失，都不會忘記自己該去的方向……那就是妳終於找到的「幸福」的地圖：

帶自己，去更好的地方。

幸福唯一的地圖就是「勇敢」。

———————————————

勇敢只是生活偶爾出現的亮點，
妳覺得傷心比較持久。
所以妳總是勇敢一下，就又回到傷心。

親愛的，那其實很正常。
走出來的路，從來都不是大步，而是小碎步的。
也只有自己知道，當中的來來回回，還有辛苦。

這條路，妳終於是徹徹底底為自己走的。
沒有妥協，不用再將就，更不必找到什麼理由。
妳只要相信，妳值得更好的就好。

於是，妳才沒有一直在寂寞裡想像溫暖。
妳才沒有繼續在傷心裡奢望快樂。
妳才得以在多年後的星空下，謝謝自己。

原來幸福唯一的地圖就是「勇敢」，
原來只有勇敢走過悲傷，妳才會走到真的幸福。

妳的痛苦並不是因為失去幸福，
而是戒斷毒癮必經的過程。

親愛的，上天從來都沒有忘記要眷顧妳。
它讓妳真的離開了一個對妳不好的人，
而且後來還陪妳一起看見了，他真的一點都不在意。

妳的痛苦並不是因為失去幸福，
而是戒斷毒癮必經的過程。

上天從來沒有停止給過妳力量，
妳正在往前走，往更清楚的地方走。
它正在帶妳回到最簡單的地方，
然後做出對自己最好的選擇。

上天從來沒有忘記要眷顧妳。
它都已經陪妳走過痛苦，走過後悔，
最後，一定也會陪妳走到幸福。

PAR AVION

POST CARD

AIR MAIL

PAR AVION
PAR LUCHPOST

愛自己

從前，妳沒有對不起他；
此後，妳要練習對得起自己。

也許在某個安靜的夜晚，也許在某個喧譁的角落，沒有預期，沒有徵兆，妳突然想起他。

妳很安靜，甚至從容，妳已經習慣與那場想念為伍。你們的分開，並不是一個新的故事，妳應該要好了，但是妳還沒有，妳還在努力。那個故事明明已經結束，可是妳心底的故事卻還停不下來……

在感情的路上，妳會遇見一些人，有些人很快就會從妳的生命走過，輕微到幾乎不會留下痕跡。有些人，他們會讓妳快樂，也會迫使妳長大。還有最特別的「那個人」，他不只讓妳長大，還會讓妳的心衰老，讓妳懷疑自己是不是再也無法承受愛情？！

他就是那個「特別」的人，曾經給妳特別的快樂，最後也留給妳特別的痛苦。

妳知道，他就是妳的「關」。

　　每個人都有他的關，妳相信每個正在「卡關」的人，都應該跟妳一樣「問心無愧」。這份感情，從開始到結束，每個分秒，妳都沒有放棄期盼它成為幸福。在這段辛苦的路程裡，妳是最努力的學員，也是最嚴厲的教練，在每個就要放棄的當口，妳總是可以找到新的理由，要自己再堅持下去。

　　這更不是愚昧的愛，妳是「有所依據」的，雖然這一路他曾經給過妳的，跟妳所付出的並不成比例，但妳確定那應該是「愛」，他應該還是愛過妳的。只是後來妳也漸漸明白了，有些愛是「發自內心」，有些愛只是「興之所至」，所以有的愛會綿延不絕，而有的愛就只會是點放的煙花，那是每一個在夜空下，曾經幸福，後來卻又心碎的人，都懂的體會。

　　妳真的沒有對不起他，那一直是一份以「他」為主的感情。妳那麼在意他，他的喜怒哀樂是「你們」共同的，可是妳的寂寞卻一直是妳「自己」的；妳如此珍惜他，妳所有想像未來的畫面裡都有他，可是他的人生卻一直都還是只有他自己而已。

　　要離開一個人很辛苦，要離開一場想念，更是如此困難的事。妳從剛開始渴望可以找到最快的方式跳過這一切，到開始責怪自己不能灑脫放下……妳後來不是真的做到遺忘，而是終於看清楚

了：一個只要快樂，不想承擔的人，本來就可以走得比妳瀟灑。而用情至深的人，本來就不會絕情轉身，走得越深，就越需要時間一步一步退出來。

妳還在努力往前走，妳偶爾還是會回頭，回頭一次，看清一次。看得更清楚，那究竟是一份真感情，還是一份掩飾的自私？！從此更確定，一個總是以自己的感受為主的人，是不可能努力讓妳幸福的。

這不是一場公平的愛，這不是一個容易的「關」，這本來就是一個妳回想起來會比他長太多的故事。但妳知道妳總會走出那個關口的，然後從此答應自己：從前，妳沒有對不起他；此後，妳要練習對得起自己。

大多數妳當時的「捨不得」，
後來都會發現「不值得」。

─────────────

大多數的那些妳心中的「捨不得」，
其實都還沒有真的發生。

大多數妳當時的捨不得，後來都會發現「不值得」。

大多數的分開，都不用捨不得，
因為那都是對方決定的結果。
他沒有覺得可惜。他不想為妳盡力。

想通了，妳也應該開始努力往前。
從前，他沒有捨不得妳；
此後，妳要開始捨不得自己。

錯的，
一直都是他的不懂珍惜。

————————————

妳已經快要找回平靜的感覺。
妳已經可以專心，陪伴自己傷心。

妳已經漸漸感受到，
傷心，才會看見不一樣的世界。
失去，才會再有新的獲得。

妳沒有混亂，妳只是走得很慢。
妳沒有絕望，妳只是偶爾還是會覺得氣餒。
妳從來都沒有放棄自己。
妳會慢慢再找回自己的好，

錯的，一直都不是妳的好。
錯的，一直都是他的不懂珍惜。

相信

讓每件現在的壞事，
都成為將來的好事。

我們討厭壞事，尤其是感情的「壞事」。我們之所以特別討厭感情的壞事，是因為它最難說走就走，我們總是得吃很多苦，才能真的從一場感情的壞事裡走出來。

我們最常在感情裡遇見的「壞事」，就是遇上了一個讓我們非常傷心的人。非常奇妙地，我們其實都知道對方並不好，可是我們並沒有因為離開了一個對我們不好的人而覺得開心，相反地，我們竟然還會傷心。而我們終會在日後明白，其實真正讓我們難受的並不是因為失去了那個人，而是我們明明都那麼努力了，為什麼最後還是無法遇到自己很想遇見的「那個人」。

我們所喜歡的「那個人」，他會出現在電影、網劇或小說裡。我們對於「那個人」的想像很多，我們對於遇見那個人的「過程」的想像比較少，因為我們希望過程可以盡量快速簡單，而我們最希望遇見幸福的方式是「轉角就可以遇見愛」。

做為一個戲劇的觀眾，我們經常比劇中的主角勇敢，我們希望他們不要放棄，而且相信他們最後一定會找到真愛；可是做為一個自己人生中真正的主角，我們比較脆弱，我們很容易在壞事降臨的傷心裡，「懷疑」幸福是不是已經忘記我們？

　　這樣的「懷疑」其實並不科學，我們甚至連最基本的查證都沒有。對於擁有幸福的人，我們比較肯定他們的幸運，卻經常忘記他們的努力。我們甚至連他們曾經付出過多少時間跟努力，都不曾深究。

　　妳會遇見一些人，愛出現的樣子有許多，妳已經漸漸了解，幸福的關鍵並不是「遇見」，因為大多數的遇見都不是真的幸福。幸福最重要的關鍵是「判斷」，是當愛迎面而來，我們要如何「判斷」什麼才是自己真正需要的愛？誰才是那個真正適合跟妳走一生的人？

　　「判斷」沒有公式，是一步步的積累。是我們在每一次的傷心和挫折後，最珍貴的學會。是每一個走在幸福路上的人，都一定要經歷的過程。

　　妳不是沒有感情運，也不是沒有好姻緣，那其實很正常！每個人的生命，本來就都要遇見幾場執著，遇上幾場當下認為走不過的關。

每一件感情裡的「壞事」，都是一個通向幸福的關卡。每次卡關，都是上天希望我們停下來，聆聽被自己深埋在心底的聲音。其實真正的答案，一直都在我們心中。打開關卡的鑰匙，也一直都在我們自己的手裡。

　　用一場傷心，明白感情裡那些很重要的事；用一場等待，看清楚那個無心的人，都是我們在感情裡必須的經過。

　　當感情的壞事發生，從前妳最希望具備的能力是「遺忘」，現在妳覺得更重要的是「學會」，因為只有「學會」，才沒有白白辛苦；只有「學會」，才會讓我們此刻的傷心，不是又回到原點，而是又更接近了我們想找到的幸福。

　　妳已經答應自己了，妳會把受傷的心收好，讓它漸漸復元。妳會把被遺落的感情放好，有朝一日把它交給那個真正值得的人。

　　妳會繼續勇敢往前走，妳不會再害怕犯錯。每一步，都是學會；每一步，妳都會更靠近幸福。妳會用時間證明，讓自己後來親眼看見：每一件妳現在正在經歷的壞事，都將成為讓妳將來更好的事。

堅持把更好的自己，
交給一個懂得珍惜的人。

────────────────

妳想要在感情裡學會的「聰明」，
並不是成為一個對愛精明幹練的人。
而是妳再也不會以對方的標準為依歸，
妳也要在乎自己是不是真的在這份愛裡成為了，
那個想成為的自己。

妳想要在感情裡學會的「勇敢」，並不是奮不顧身。
而是就算事與願違，妳也一定可以把一個人的日子過好。

妳想要在感情裡學會的「溫柔」，
並不是更懂得如何去討人喜歡。
而是更確定自己才是妳這一生，最應該關愛的人。

妳想要在感情裡學會的「相信」，並不是相信好運。
而是妳相信這世界一定也有像妳一樣對愛堅持的人。
堅持讓自己更好，堅持把更好的自己，
交給一個懂得珍惜的人。

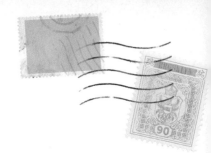

只有一步步走過來的幸福，
妳才會踏實。

妳可以失去對他的相信。
然後我們才有機會練習，更相信自己。
相信自己總是可以復元，
相信自己在走入下一個階段後，
一定會有更好的視野和對愛的要求。

妳不用急著再相信愛情。
然後我們才有機會再重新思考，
自己對愛的定義，是不是真的正確？
經常第一眼就喜歡的人，
究竟是一個新的可能，還是一直重複的寂寞入口？

天上掉下來的幸福，經常也會瞬間消失。
只有一步步走過來的幸福，妳才會踏實。
妳對愛最踏實的相信，就是妳永遠會記得好好照顧自己。
妳對幸福最堅持的信仰，
就是如果沒有人配得上妳，那妳就讓自己幸福。

承諾

這世界最「真」的承諾，
就是他始終在妳身旁。

「角子，我們交往三年，他跟我提分手，説要去大陸創業賣雞排。」我看著讀者傳來臉書的私訊，腦海裡開始浮現出這個故事的畫面。

「後來，他去大陸了，在我覺得事情應該就是這樣的時候，他突然跑來公司等我下班。我們一起走在人行道上，我發現他腳上穿的，是我從前買給他的鞋。我問他：『為什麼還穿著這雙鞋？』，『因為是妳買給我的啊！』他回答我。然後他跟我説，要我等他一年，一年後他回來，我們就結婚……我們一起走了好久，我一直看著那雙鞋，我沒説什麼，但我知道這一年，我一定會等。」

這是一個守承諾的女生的來信，妳懂，因為妳也曾經那樣守過「承諾」。

妳還記得那個「承諾」發生的場景，記得當時的氣氛和心情，妳最忘不了的是他說話的樣子，他那麼真切地說出了那個承諾，沒有防備，無法抵禦，妳就讓那個承諾擄獲了妳的心，妳覺得安心，覺得人生的路會從此刻開始不同。

　　「結果有一天，我的閨蜜看見他跟另外一個女生手牽手逛夜市，他提早回來台灣也沒跟我說，我 Line 他，問他是不是在台灣？他說是。然後我問他，是不是跟那個女生在談戀愛？他說是。最後我哭著問：『你不是要我等你一年嗎？』」我盯著私訊，也想知道他的回答。

　　「我們分手吧！對不起，傷了妳。」這是他秒回給她的答案，這是許多守著「承諾」的女孩，都曾經錯愕地收過的回答。

　　他一定不懂，那個「承諾」的珍貴，所以才能那麼輕易就說出他的道歉。他沒有猶豫、沒有羞愧，馬上就用「對不起」築起了那道理性的牆。他不是勇敢，是絕情！他想說「理」，可是妳跟他談的一直是「情」。一個不想跟妳解釋，就直接跟妳說分手的人，是全世界最絕情的動物。

　　他不在乎傷害妳，也沒有真的後悔，他也許會覺得抱歉的，是忘記了那個「承諾」，或者更精準地說，他根本就不覺得那是一個「承諾」，那也可能只是他當時隨興的一個表述而已。

感情裡的傷心人，最傷心的並不是那個人離開的決定，而是為什麼他們當時可以說得那麼深情，最後卻可以做得這麼絕情？！於是我們也才漸漸懂了，感情最難的並不是「片刻感動」，而是「自始至終」。真正應該遵守承諾的人，並不是被承諾感動的我們，而是那些把承諾說得如此「真心」的人，是不是還能夠把承諾放在心底，然後「用心」地執行下去。真的做到不只在當時感動我們，而是在後來也讓我們一直感受到那份心意的存在。

事實是，這世界關於感情的「承諾」，大多數都沒有被實現。這個世界的「快樂」，後來大多數都沒有成為「幸福」。因為一份會越走越深的感情，依靠的從來都不是浪漫的「曾經說過」，而是兩個人真實的「一起走過」。

這世界最好的承諾，是妳對自己的承諾，是不管愛再眩惑，妳都會記得提醒自己：幸福的「方向」，絕不是單憑口說，而是應該兩個人一起努力探索。幸福的「場景」，並不是花好月圓，而是在普通日常裡，他始終對妳的支持與照顧。

「承諾」的樣式有很多種，這一路，妳會遇見的承諾很多，它們大多很美、很遠，而妳已經知道，這世界最「真」的承諾，就是他始終在妳身旁。

最好的愛，是你們一起牽手，
又在愛裡學會了更多的愛。

_____

關於愛，妳是要真的眼見為憑的。
妳是真的感受到你們之間與日俱增的愛。
真的在心慌的時候想到他，就會覺得安心。
你們是真的在聽過那麼多變動的愛情故事之後，
兩個人還是堅信，只要像現在這樣努力，
就沒有過不去的關卡。

你們不是相信愛情，你們是相信彼此。
最好的愛，是你們一起牽手，
又在愛裡學會了更多的愛。
你們不是因為遇見對方就幸福了。
是兩顆都想努力留住幸福的心，
才會讓你們一直繼續幸福。

別讓不對的人，
錯亂妳真正該去的方向。

────────────

妳再也不會執著在「一時的因」。
一開始對妳好，並不困難。
要能夠持續對妳好的人，才能跟妳結「一世的果」。
妳不再害怕寂寞，因為妳心有明燈。
妳知道每個人都得走過一段暗夜，
才會找到自己的花好月圓。
妳的明燈就是妳的「相信」。
妳相信好人一定會適合另一個好人。
妳不會找不適合的人作伴，
妳不會讓不對的人，錯亂妳真正該去的方向。

寂寞的時候妳便仰望星空，妳知道妳並不孤寂。
這個世界上有許多跟妳一樣心存善念的人，
他們努力，他們誠懇，
只要遇見了另一顆善良的心，
就可以一起發出幸福的光芒。

位置

原來他想要的「分手」，
就是要妳退回到他想要的位置。

　　他提出分手，說自己不夠好，做不到妳所希望的。妳很傷心，
妳沒想到他這麼容易就放棄了。那是妳接下來好幾天的萎靡，妳
想起很多從前，越捨不得就越分不清楚：他的離開究竟是因為他
不夠好？還是妳真的對一份愛的期望太高？

　　當妳看見自己的手機螢幕突然又跳出他的訊息的時候，高興
得心臟都要跳出來，但妳還是壓抑住了自己的情緒，就好像他真
的就站在妳面前那樣。

　　「吃飯了嗎？」他問。
　　「還沒。」妳說。
　　「自己要好好照顧自己。」他說。

　　看到這裡妳就忍不住哭了，原來他還是會捨不得妳的。原來
他跟妳一樣，也是會捨不得這份感情的。

後來，你們又把從前的日子慢慢過回來。他約妳吃飯，約妳出去玩，你們一樣會聊天，然後，一樣發生關係。

　　妳不知道這樣算不算是「復合」？如果是復合了，那從前發生在這份感情裡的問題，是不是還可以被繼續討論？妳不知道為什麼自己現在的心態會變成「害怕」，因為曾經失去過這份感情，所以妳害怕如果再提出同樣的問題，會不會就真的失去這份愛？！

　　而妳明明知道，妳在這份感情裡要的並不算多，妳要的只是「專一」而已，就像妳也可以對他那麼專一。妳那麼在意他，那麼在乎這份愛的純潔，當妳決定是他，妳就再也沒有給過任何人機會，那就是妳對自己的要求。妳覺得真正的「專一」，是連對方的擔心都要懂得避免。可是他眼中的「專一」卻依然還是妳的功課。那就是妳一定要學會的「相信」，「相信」他的從不避嫌都有他的理由，「相信」他的遊戲人間都是妳多心多想的結果。

　　妳做不到的，一個對愛誠摯的人，是無法隱諱地愛著的。終於妳還是開口問了：「我們這樣算是『復合』嗎？」他也許正面回答妳了，也許沒有，但無論如何妳還是繼續留在那份感情裡了。然後，沒有很久，妳發現他還是一樣，在他說了分手然後又復合之後，沒有什麼是改變的。

　　他沒有學會什麼，可是妳是真的學會了。你們真的是不一樣

的：他在這份愛裡要的只是「快樂」，可是妳希望的是一起努力的「幸福」；妳害怕失去「他」，可是他害怕的，一直都只是「寂寞」而已。

妳曾經疑惑自己的那些期待，是不是太貪心？後來妳才發現，比起妳的付出和承受，原來他才是最貪心的人，是他又想要這份快樂，又不想承擔任何責任。是他又想用愛束縛妳，自己卻不必接受任何牽絆。

原來他想要的「分手」，並不是真的分開，而是要妳退回到他想要的「位置」。那個完全由他定義的「位置」，那個位置可能的名稱有許多：女朋友、紅粉知己、炮友……，它們的意義明明如此不同，可是為什麼感受都一樣是傷心而空洞、失望而不堪呢？

這是妳最後一次離開他，妳會封鎖掉任何他可以再與妳聯繫的方式。他不會捨不得的，一個自私的人總是先捨不得自己。他也不會孤單太久的，一個只是害怕寂寞的人，一定很快就會找到代替。

可是妳知道自己會捨不得，也會在某個時分突然脆弱寂寞，但妳是絕對不會再回頭了！因為妳已經在那個「位置」上蹉跎太久，妳知道它絕對不是愛的位置，妳會努力往前走，妳知道前方，才是幸福真的跟妳約好的位置。

在一個無法參與的劇本裡，
是不可能成為幸福的主角的。

————————————

他還是一樣，只想要快樂。
可是妳已經知道，他不能給妳幸福。

他還是一樣，害怕寂寞。
可是妳已經知道，清楚的一個人，
會比前途不明的兩個人，快樂太多。
妳已經明白，在一個自己無法參與的劇本裡，
是不可能成為幸福的主角的。

妳會開始努力一個人。
一個人雖然偶爾會寂寞，但是踏實坦然。
不必再等那個永遠不會給妳的答案，
不必再在妳不懂的世界裡摸索和悲傷。
一個人，心安理得。
一個人，快樂生活。

「幸福」的定義，妳要自己寫。

終於，妳對他只剩想念，而沒有牽掛了。
妳已經開始新的生活，
真的打從心底相信，你們已經再沒有關聯。
妳希望他好，真的，「剛剛好」的好。
這樣他的一切，就不會再引起妳任何的波瀾。
妳已經不需要他的關心，不希望他的打擾，
就讓事情如妳所想的就好。
妳是好不容易才終於把自己放好了。
不要翻攪，也請別再興之所至，他不會知道，
妳也不需要他知道，他信手拈來的關心，
妳都得再花多大的力氣，才能讓自己再重新回到事實。
妳認輸，妳永遠做不到他的來去自如。
做不到明明重傷了別人一顆心，
還可以笑得那麼天真釋懷。
無論如何，妳都不會讓自己再回去那個位置了。
說來可笑，妳甚至連那個位置是什麼都不知道。
但那真的都不再重要了。
妳已經可以了，也真的已經在努力往前走了。
妳不會再讓自己附屬於誰。
妳的幸福的定義，妳從此要自己寫。
妳不再只能追隨誰的身影。
在每個抉擇的路口，妳唯一的標準，
就是妳一定要覺得幸福，妳才會繼續一起走。

計畫

「幸福」的時間表

　　在一起走過那些年之後，妳認為這份愛應該要往下一個階段走，妳想到「結婚」，當那個念頭一旦出現在妳的腦海裡，它就變成了這份愛最迫切的渴望。

　　可是他說想再努力幾年，等經濟能力更穩定了再結婚。

　　妳也許試過要說服他，也許只是默默地收下了他的回答。其實妳真正想知道的是：他真的是想晚幾年再結婚？還是他只是不想跟妳結婚而已。

　　妳突然覺得，也許你們在這份感情裡看見的，是不一樣的。妳在這份感情裡看見的是「穩定」，是可以繼續走下去的「勇氣」，而他看見的是「猶豫」，是「還不足以」。妳努力往好處想，他是為了要給妳更好的生活。但妳並不是貪圖富貴的人，而且只要兩個人同心協力，前方又有什麼是不能一起走過去的呢？！

他給的不是一個好理由，這個理由也幾乎沒有說服過那些想要結婚的女生，反而更像被剝奪了人生最浪漫的那次機會——妳以為自己會有一場印象很深刻的求婚，不用鋪張浪費，可是溫馨甜蜜，妳從沒想過後來提出「結婚」的人竟然是妳，更沒想到最後還會被對方拒絕。

　　妳不知道收過這個答案的女生，接下來都是怎麼繼續面對這份感情？為什麼他努力想要給妳的幸福，卻一點都沒有讓妳覺得幸福呢？他有他的考慮，可是那也是妳的人生，妳也有妳的「幸福的時間表」，為什麼最後要以他說的時間為準呢？！

　　兩個人一起生活，很多事情都可以協調，那就是彼此有心要走長路的「互相」。可是一個此刻不想跟妳結婚的人，會真的有心跟妳走長路嗎？一個無法體會妳的心情的人，妳接下來要用什麼心繼續跟他「互相」？！

　　所以，有些戀人後來還是結婚，因為他們不想失去對方。然後在婚後發現，其實婚姻也沒那麼沉重，真的是自己擔心太多。

　　也有的人，因為無法配合彼此的「時間表」而漸行漸遠。跟「時間」無關，跟「責任」有關。許多不想結婚的人，喜歡的只是彼此在一起挨著的感覺，那讓他覺得「不寂寞」——那就是他在這份感情裡看見的「幸福」，妳也可以說那只是一種「習慣」。

如果要走入婚姻，要承擔更多才能保有這個習慣，那他寧可選擇改掉這個習慣。

妳不會因為希望跟對方結婚而逼退一份真愛；妳只會在那場邀約過後，更確定誰才是妳真正的未來。

妳從不後悔自己開口提出了這個邀請，因為如果心底想的是不一樣的，那我們也不要還繼續假裝走在一起。沒有怨懟、不必強迫，任何答案妳都可以接受，因為那也是他的人生，真的把妳當成生命的珍寶的，自己就會追上來。

妳不一定要一場美麗的求婚，因為有太多完美的求婚，最後還是以離婚收場。妳更毋須介意自己是提出婚約的人，因為幸福不一定都是兩個人齊步走，也可以是妳轉身伸出手，邀請對方快步跟上。

可是妳絕不接受一個籠統的答案，也不做那個只能等待的人。因為「愛」可以瘋狂，可是「幸福」是理性的，是兩個人生的「最大公約數」；因為「愛」可以稍縱即逝，只有兩顆有「共同目標」的心，才能一直走在一起，一起努力走去幸福的將來。

一個跟妳始終有「同理心」的人，
才是妳一生真正的伴。

———————————

兩個人的一生，就是這樣，
他忘記的，妳幫他記得；妳提不動的，他幫妳扛。

相愛最大的默契，是「互相」。
我不想受的苦，那我也不讓妳嘗。
你曾經為我做的，都不是理所當然，
有機會我都會努力還。

你們牽手走過了青春。
一起攢下的是永不遺忘的情分。

愛並不深奧。
一個跟妳始終有「同理心」的人，才是妳一生真正的伴。

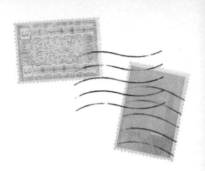

總是記得「跟你說，聽你說」，
才能一起走到幸福。

　　妳聽過許多經營「愛」的方法，
　　多年來妳尋找過，也疑惑過。
　　現在妳知道經營「愛」最具體的做法，
　　就是在如常的生活裡，
　　彼此也總是願意「跟你說，聽你說」。
　　妳知道那是因為你們始終將彼此放在心底。
　　不管幾歲，不管生活還會有多少的坎，
　　你們都一定會努力跨過。
　　因為你們從不忘記交流，
　　從不忘記交換你們對彼此的支持和依賴。
　　最好的愛，不在小說和電影裡，它就存在家常裡。
　　家常，才會經久不膩，才有機會一輩子。
　　你們不是因為承諾，才能長久。
　　你們是因為總是記得「跟你說，聽你說」，
　　才一起走到幸福。

好好吵！
讓兩個人越吵越好的七個心法。

1.吵架是很正常的

兩人剛開始交往，
難免都會掩飾自己真正的內心意見，
妳會說都可以，他會以妳為主。

當兩人開始逐漸熟悉，
就要開始練習說出自己的真實感受，
兩個人才有可能更深入彼此的內心，
才有可能一起生活，
這也就是所謂的「磨合」。

要「磨」才會「合」，
所以會吵架是正常的，不要害怕吵架，
「吵架」也是溝通的方式之一。

兩個人要努力把感情談到這個階段，
要努力學會感情裡的溝通，因為要能夠溝通，
感情才能夠進入到下一個階段，
兩個人才能夠走得長久。

2.要怎麼才會越吵越好？

(a)

你們不是為了「贏」而吵，是為了更「瞭解」對方而吵。

———————

吵架的重點不是輸贏，不是誰就一定要聽誰的，
而是更理解對方的想法，
兩個人才能夠往彼此間的那條「中間線」靠近。

(b)

吵架不是只有說出來，也要懂得聆聽。

———————

說出妳的感受，也讓對方有機會說出他的感受。

(c)

**事後回想對方的好，
冷靜思考對方是不是真的是那樣的人。**

———————

吵架沒好話，
所以不要一直執著在吵架當時對方說了什麼樣的話，
而是也可以在冷靜之後好好想想，這一路走來，
對方曾經為妳的付出，
問問自己，對方是不是真的是這樣的人呢？

(d)

不只想自己的委屈，
也願意想想對方堅持的立場。

───────────

妳一定很委屈，
但可不可以也用「同理心」想想，
對方是不是也有他認為的委屈呢？

(e)

給台階，也當那個願意走下台階的人。

───────────

兩個人都願意給對方善意的回應。
要注意的是，吵架也不能都是單方退讓，
要彼此後來都有調整了，才是真正的溝通了。

(f)

事過境遷後的「對不起」和「謝謝」

───────────

為自己當時在吵架中不好的語言抱歉；
也能夠對對方後來的釋出善意，表達感謝。
謝謝對方願意為了讓這份關係更好而做的努力。

ⓖ
不要一直為同一件事情爭吵

戀人間很重要的默契就是在爭吵後定出「界限」和「底線」。
「界線」就是妳知道那就是他的堅持，
如果那是妳可以接受的，
那在那個領域裡，就開始學習尊重、包容他；
「底線」就是妳絕對的堅持，違反了妳的底線，
妳就會不計代價分開。
把這份感情的「底線」和「界線」訂出來，
兩個人不要一直重複為了同一件事情吵架，
那是非常消磨感情的事情。

更多內容
請參考
角子影片

緣分

這場妳以為的「緣分」，
其實只是他的「冒險遊戲」而已。

「我看著他迎面走來，那是他第一天來公司上班，我們在走道上擦肩而過，他突然看了我一眼，我不知道為什麼，就在那一刻有了非常奇異的感覺……」

這是一封讀者的來信，這是一個小三的故事。

「我們曾經過得非常快樂，他對我好，說只有我懂他，自從跟他在一起之後，我才明白什麼叫作真正的『幸福』。我從沒想過，自己竟然會遇見這樣的『緣分』。」

我看著這封信，是的，「緣分」是一個最好的說法。因為只有「緣分」，才可以讓感覺罪惡的我們，最後還是又縱容了自己；只有「緣分」，才能讓我們貪婪地相信，我們的愛，跟這世上眾多的愛，是不一樣的。

「後來我開始覺得痛苦，我不想這樣偷偷摸摸地愛，我跟他提過將來，他總是要我再給他一些時間，我一直在『等』他，『等』他跟老婆開口，『等』他把分配後剩下的時間給我，『等』他再給我一個繼續等下去的理由……」

妳不是專業的小三，會真心等的人，就不是玩家。所以妳才會那麼痛苦。「愛」明明是如此美好的事，可是妳的愛卻讓妳變成全世界最孤單的人，沒有人支持，更沒有人會同情。

「我看他的臉書，看著他們夫妻親密的樣子，他說他們是為了孩子，才演恩愛的。『真的嗎？』如果這真的是一場演出，可是為什麼他老婆的笑容，可以那麼燦爛呢？我真的已經分不清楚了，究竟是我們的快樂是真的？還是他們的幸福才是真的呢？」

那是每一個不專業的小三最無法理解的，為什麼那個充滿苦衷的人，後來卻變成了最大的受益者。而本來過得還不錯的妳，卻因為收下了他的苦衷，而從此成為有苦說不出的人。

這份感情，不是一個「嘗試」，不是妳嘗試要跟誰交往看看，再決定對方適不適合；這是一個「錯誤」，是一條一開始就通往錯的路，走越遠，錯越遠，再怎麼努力，錯也不會走成對的。

這更不是一份正常養成的愛，你們不是從陌生到逐漸瞭解，

不是從稚嫩耕耘到茁壯，他是三步併作兩步，就爬上了妳的床，妳是還來不及思考，就成為他口中靈魂的撫慰。

在這份感情裡，妳最想要的，也是妳最罪惡的。而妳要的，其實也只是每一份愛裡最基本的「相互歸屬」而已。妳是他的，可是他不是妳的。妳安定了他的靈魂，他卻讓妳成為無主孤魂。妳可以為他背負一切，所以妳並不貪心，他才是那個最貪心的人！一個人同時享受了「安定」和「刺激」，那是他同時掠奪了兩個女人的人生，才能獲得的完美比例。

這樣的貪婪並不珍稀，行為的動機也不難推理，這場妳忍辱負重的愛，這場妳以為的「緣分」，其實也只是他的「冒險遊戲」而已。

於是妳也該懂了，他口中的「再給他一些時間」，並不是為了妳，而是再給他一些時間享受。一份一開始就不是為了讓妳幸福，而是為了自己的歡愉而成立的感情，妳又怎麼能期待，它後來會變成幸福？！

夜深了，這城市的點點燈火，還繼續亮著。在孤燈下真心守候的人，一定會等到的，是另一個真心的人。妳可以繼續等，像往常那樣等到天明，妳也可以關上燈，讓下一個天明，就是妳人生的全新開始。

只珍惜那個也把妳當成「幸福」的人。

────────────

我們花很多時間去尋找幸福，
卻花很少的時間去思考，自己究竟需要什麼樣的幸福？
花很多的時間去猜測對方的心意，
卻忘了問自己究竟是不是真的幸福？
先確定了，也問過自己了，
很多的答案也就清楚了。

妳總會明白的，
不是所有的迎面而來，都是誠懇的，
它可能也只是撩撥和刺探。
不是所有的相遇，都是緣分，
它也可能只是一場即興演出。

只為想要幸福的人停留。
只珍惜那個也把妳當成幸福的人。
妳真的已經知道，
愛，也許可以因為「單方」的苦戀而存在。
可是幸福，一定是「雙方」都認為才會成立。

不只「緣分」，還要「有心」，
才能成為幸福。

───────────────

有些人只需要付出一點點時間，
就可以翻騰妳的人生，就可以讓妳代價不菲。
妳也知道，其實他對妳並不算好，
可是最後妳還是那麼傷心。

妳終會明白，那是好的傷心，甚至還應該慶幸，
有些人注定是天敵，好在妳只是傷心一場，
還沒有毀掉終身。

從前妳覺得，那就是「緣分」。
現在妳更知道，不只緣分，
還要「有心」，才能成為幸福。

遇見小三怎麼辦？

1.為什麼會出現小三？

ⓐ

感情早就有問題了

兩個人的身、心，可能已經疏遠一段時間了。

ⓑ

滿足冒險感跟貪婪心

滿足刺激感，東窗事發後會請求原諒的人，
大概都是因為這個原因。

ⓒ

很容易就打敗正宮的紅粉知己

因為不用一起生活，
不用像跟正宮那樣面對生活的許多狀況，
總是好整以暇的紅粉知己，
輕而易舉就可以撫慰對方的靈魂。

2.遇見小三怎麼辦？

不動聲色，能撐多久？!「面對」才是最好的方式。

ⓐ
如果對方懇求原諒
─────────

(1)問自己還要不要這份感情？
如果要，就要訂出「底線」，
清楚讓對方知道下不為例。

(2)要有極辛苦的心理準備，
因為接下來並不是他要單方面證明給妳看，
而是要兩個人共同面對，
一起去找回當時愛的初衷跟感覺。

ⓑ
如果對方想分手
―――――――

(1)不要不甘心，妳還有接下來很長的人生。
比起妳尚有的餘生，這段感情真的很短，
不要被囚禁在這個牢籠裡。

(2)只有失敗的感情，但是沒有失敗的人。
不要覺得離婚很失敗，是他很失敗，
無法遵守婚姻的承諾，而妳值得一個更好的人。

(3)不要為了小孩而硬要一份假面婚姻。
小孩比妳想得堅強，比妳所想更瞭解你們的狀況，
比妳所想更希望妳能夠找到新的幸福。

更多內容
請參考
角子影片

幸福人生

離開的都是「風景」，
留下來的才是「人生」。

　　妳還在努力地往前走，妳不知道自己是否真的已經復元，可是妳知道最慘的時候已經過去了。妳不再總是想著他，不再無法呼吸，不再覺得世界是灰色的。

　　妳不知道像妳這樣在便利商店等一杯咖啡的人，在那樣短短的幾分鐘裡，心裡都在想什麼？想工作？想著下班後要不要去那個聚會？還是就像妳一樣，突然就沒來由地想起他，突然那麼超然，突然有了新的觀點，突然妳就承認了，原來他真的沒有那麼愛妳。

　　從前的那些快樂，如果不是因為妳那麼體諒又配合，也不會那麼快樂，對不對？從前的那些美好，如果不是因為妳總是鼓勵自己往好處想，是不是也不會那麼美好？然而，關於當時的那場愛，究竟是因為我們太高估了「幸福」，認為幸福本來就應該是要付出更多才能得到的？還是我們太低估了「幸福」，認為只要

我們願意努力，就可以把一個很愛的人，變成幸福？！

　　而曾經那麼努力想要走出來的妳，又是走到哪一天、哪一步，才突然淚中帶笑地懂了：原來需要妳努力討好才能靠近的感情，都不是真的「愛」；需要妳費盡心力才能感受到的反饋，都不是真的「幸福」。

　　真的愛，是不必反覆地說服自己，就能感受到的；真的愛，是不會讓妳動輒得咎，而是自然又自在的。那些曾經讓我們困惑的愛情道理，其實只有一個真理，那就是「只想跟妳在一起」——一個真正愛妳的人，是不必妳替他找理由或藉口，他就是會努力一直在妳的生命裡。是妳在人生的路上，順利也好，挫折也罷，只要妳側身一看，就會看見他在妳身旁。沒有理由，就是喜歡，就是想；就像妳，也總是想在他身邊一樣。

　　妳已經明白，一份妳必須那麼努力才能成為的「類似愛」，孱弱地連一份愛最基本的標準都及格得那麼勉強，又怎麼可能禁得住人生接下來的風雨？又怎麼能奢望他會在風雨中，給妳一個不離不棄的肩膀？

　　妳還沒好，妳還在努力地走出來，妳也許會好，然後從此明白真正適合自己的幸福；妳也許永遠不會好，那也沒有關係，誰的人生沒有幾條自己才清楚的疤痕，用來提醒自己，錯誤的開始，

就算再美，最後也都是傷人的悲劇。

　　妳會努力往前走，妳不會再為任何一個不珍惜妳的人停留。妳不會再回頭，妳再也不會愚蠢地奢望，一個從前不珍惜妳的人，後來會為妳等在那裡。

　　妳不知道這個城市像妳這樣拿著一杯咖啡、走過幾條街的女生，心裡都在想什麼……但也許妳其實知道，她們都在努力追尋著幸福。雖然她們走的路都不相同，可是她們都一樣在後來的路上學會了：那些我們曾經遺憾著太淺薄的緣分，其實是因為愛得不夠深；那份我們當時捨不得放下的快樂，其實並不會帶我們走去幸福。

　　離開的都是風景，留下來的，才是人生。讓那些不想留下來的人，自然而然地離開，那個願意陪妳一起走的人，才能跟妳共譜人生。

　　妳不是看懂而已，妳是真的走過了……妳站在大街上喝了一口咖啡，樸實、回甘，那是妳在嘗過許多花稍的口味後，後來最愛的生活的滋味……然後妳快步走過那個綠燈，妳會一直前進，妳會繼續堅持，讓那些離開的人，成為妳記憶裡的過程，只留一個位置，給最後那個值得的人。

所有的緣滅，都是另一場可能的開始。

────────────────

　　妳不再跟別人比較，不再活在別人的嘴裡。
　　妳自己的人生，妳要自己走。
　　妳不再慌亂，接下來的路，
　　妳都要努力勻稱地呼吸，珍惜妳擁有的幸福，
　　也為那些失去流下珍貴的眼淚。

　　妳不再騙自己，也不再一廂情願。
　　妳珍惜每一場緣分，
　　但是妳更明白，所有的緣起，都必需是雙方。
　　所有的緣滅，也都是另一場可能的開始。

　　妳不再怪他，也不再後悔。
　　每一場執迷，都有當時成立的理由。
　　妳給得出去的感情，妳一定可以努力收回來。
　　妳從來都沒有想要毀在這裡。

　　妳已經答應自己，
　　妳會慢慢走回來，把自己交還給自己。
　　妳會盡力，妳會加油，因為這是妳自己的人生，
　　因為妳還有太多美好的可能，而妳一定會努力去看見。

當時妳以為過不去的那個人，
也只要走過了，就一定會讓妳成為更好的人。

_____

當妳可以自然而然地想起他，
而不用再因為他的反應而失落的時候，
妳知道他終於也成為妳人生的一部分了。

你們不會有新的事情再發生，
所有曾經的快樂，妳都會記得；
至於那些傷心，妳知道妳一定可以走過。

妳知道每份愛，都會讓妳快樂，也會讓妳長大。
人生很長，妳不再急著下定論。

曾經妳很愛的，也許後來也會遺忘。
而那個傷妳很深的人，也許多年後也會被傷，
也會突然想起，自己也曾經這樣傷害過一個人。
不過，那真的都不重要了。
最重要的是妳終於拿回自己人生的詮釋權了。

妳會努力往前看，然後在前進的過程裡，
在那一個個從這裡移動到那裡的場景裡，
偶爾想起從前，那些人、那些事。
那都是妳的人生。
所有的過程都是為了讓妳獨一無二。
所有妳在意、努力過的，最終都會有妳獨有的獲得。

妳終於懂了，當時妳曾經很執著的那個點，
後來再回頭看，都會有不同的意義。
當時妳以為過不去的那個人，
也只要走過了，就一定會讓妳成為更好的人。

那就是妳精采的人生。
再不容許被誰毀棄。
而且妳會繼續讓它精采下去。

PAR AVION
FLYG POST
AIR MAIL

尋找幸福，
一定要記得的六件事情。

①

**相愛只要一秒鐘，
可是幸福是一輩子的事情。**

因為幸福很珍貴，本來就是要花時間尋找的。

②

差一點點，就差很多很多。

幸福不是只要他改掉什麼
或者自己再努力什麼就可以成立，
幸福只有是或不是，沒有差一點點，
「差一點」就不是幸福。

③

**先結束上一段感情，
再進入下一段感情。**

「結束」不是只有分手，
而是包含也真的整理好自己的情緒跟想法了。

④

先找到「對的自己」，
才會找到對的人。

想了解自己真正需要的感情，才會有取捨的標準，
才知道什麼人是妳該努力的，什麼人是妳該避開的。

⑤

別一個人演獨腳戲

單方投入的感情，永遠都不會成為幸福的。

⑥

只跟「適合」的人磨合，
只為「在乎妳」的人改變自己。

所謂「適合」的人，不一定是個性相同，
而是跟妳「有共同目標」的人。
在感情裡，單方改變自己去迎合對方，
是永遠得不到感謝與珍惜的。

更多內容
請參考
角子影片

國家圖書館出版品預行編目資料

每道傷心的坎，都是通往幸福的階梯 / 角子 著 .---
初版 .-- 臺北市：平裝本 . 2019.1 面；公分（平裝
本叢書；第 476 種）（角子作品集；4）
ISBN 978-986-96903-1-7（平裝）

544.37   107021341

平裝本叢書第 476 種
角子作品集 04

每道傷心的坎，
都是通往幸福的階梯

作　　　者—角子
發 行 人—平雲
出 版 發 行—平裝本出版有限公司
　　　　　　台北市敦化北路 120 巷 50 號
　　　　　　電話◎ 02-2716-8888
　　　　　　郵撥帳號◎ 18999606 號
　　　　　　皇冠出版社（香港）有限公司
　　　　　　香港銅鑼灣道 180 號百樂商業中心
　　　　　　19 字樓 1903 室
　　　　　　電話◎ 2529-1778　傳真◎ 2527-0904
總 編 輯—許婷婷
責 任 編 輯—張懿祥
美 術 設 計—今叨
著作完成日期— 2018 年
初版一刷日期— 2019 年 1 月
初版十一刷日期— 2022 年 11 月
法律顧問—王惠光律師
有著作權 · 翻印必究
如有破損或裝訂錯誤，請寄回本社更換
讀者服務傳真專線◎ 02-27150507
電腦編號◎ 417052
ISBN ◎ 978-986-96903-1-7
Printed in Taiwan
本書定價◎新台幣 280 元 / 港幣 93 元

● 皇冠讀樂網：www.crown.com.tw
● 皇冠Facebook：www.facebook.com/crownbook
● 皇冠Instagram：www.instagram.com/crownbook1954
● 皇冠蝦皮商城：shopee.tw/crown_tw